Dağdelen / Groth / Paech (Hg.)

Erkämpft das Menschenrecht!

Sevim Dağdelen / Annette Groth /
Norman Paech (Hg.)

Erkämpft das Menschenrecht!

Für Frieden, Antifaschismus,
Internationalismus und Kultur

PapyRossa Verlag

Publiziert mit freundlicher Unterstützung der ›Gesellschaft der Freunde und Förderer des Fachbereichs Sozialökonomie (vormals HWP) e. V.‹

© 2024 by PapyRossa Verlags GmbH & Co. KG, Köln
Luxemburger Str. 202, 50937 Köln
Tel.: +49 (0) 221 – 44 85 45
Fax: +49 (0) 221 – 44 43 05
E-Mail: mail@papyrossa.de
Internet: www.papyrossa.de

Alle Rechte vorbehalten

Umschlag: Verlag
Coverbild: Mohammed Al-Hawajri, »Picknick«
　　　　　inspiriert durch Marc Chagall, »Die Promenade« (1917)
Druck: Interpress

Die Deutsche Nationalbibliothek verzeichnet diese Publikation in der Deutschen Nationalbibliografie; detaillierte bibliografische Daten sind im Internet über http://dnb.d-nb.de abrufbar

ISBN 978-3-89438-830-0

Inhalt

Vorwort   7

Juana Martínez González / Fernando González Llort
Grußworte   15

Susanna Böhme-Kuby
Bella ciao! Die Blume des Partisanen ...
Von Resistenza zum Anti-Antifaschismus in Italien   17

Gunhild Berdal
Frieden in Bewegung
Der Zusammenhang zwischen Friedens- und Studierendenbewegung   36

Sevim Dağdelen
Die NATO – Militärpakt der Mythen und des Krieges   42

Daniela Dahn
Im Krieg verlieren auch die Sieger   50

Annette Groth
Solidarität ist die Zärtlichkeit der Völker
Wie sieht echte Entwicklungszusammenarbeit aus?   68

Luc Jochimsen
Die Ohnmacht der Kunst gegen die Gewalt des Krieges
Oder: Wie kommen wir zu einer Kultur des Friedens?   83

Nirit Sommerfeld
Kunst im Kampf um Menschenrechte
Das Werk »Guernica – Gaza« von Mohammed Al-Hawajri   92

Karsten Nowrot
Schritte auf dem steinigen und schweren Verhandlungsweg
Völkerrechtliche Überlegungen zu
Friedensermöglichungsstrategien für den Ukraine-Konflikt   100

Norman Paech
**Über den mühseligen Weg der
internationalen Justiz aus dem Zirkel der Machtpolitik**   118

Norman Paech
Außerparlamentarische Opposition und Dritte Welt
Kritik an der Entwicklungshilfe
Ein Dokument aus dem Jahr 1969   132

Autorinnen und Autoren   160

Vorwort

In Zeiten von Krieg und globaler Unordnung scheint die Beschwörung von »Werten«, sei es als »internationale Werteordnung«, »Werte-Außenpolitik« oder »Wertepartner« der kriegführenden Klasse im Westen ein besonderes Bedürfnis zu sein. Und immer noch stehen die Gründungswerte der jungen Bundesrepublik, »Freiheit und Demokratie«, an der Spitze der Werteskala, denen Bertolt Brecht schon vor ihrer Gründung 1947 in seinem »Anachronistischen Zug« einen zentralen Platz eingeräumt hatte:

»Mürbe war das Holz von Stichen
Und die Inschrift sehr verblichen
Und es war so etwas wie
Freiheit und Democracy.«

An die Menschenrechte wollte von den Staatenlenkern damals noch niemand denken. Als bei den Beratungen zur UN-Charta 1945 die Menschenrechte als zukünftige Grundwerte zur Debatte standen, lehnte Churchill das Angebot Stalins, die politischen Menschenrechte in die Charta aufzunehmen, wenn gleichzeitig die sozialen und ökonomischen Menschenrechte hinzugenommen würden, mit dem einleuchtenden Argument ab, dass das nicht mit der westlichen Wirtschaftsordnung vereinbar sei. Bis heute ist es nicht gelungen, alle Menschenrechte in einem verbindlichen Pakt zusammenzuführen. Man schuf für sie 1966 zwei getrennte Pakte für bürgerliche und politische Rechte sowie für wirtschaftliche, soziale und kulturelle Rechte, erklärte beide Pakte für verbindlich, und seitdem kämpft jede Seite mehr oder weniger für ihre Menschenrechte.

Im Kampf gegen Krieg und für Frieden geht es um alle Menschenrechte ohne Unterschied, denn alle sind vom Untergang bedroht. Der Krieg in Israel und Gaza seit dem 7. Oktober 2023 macht das besonders deutlich.

Selbst Aufrufe zu humanitärer Kriegsführung und Hilfe, der Einsatz der internationalen Gerichte und der Abwurf von Care-Paketen aus der Luft vermögen die Menschenrechte nicht zu retten, wenn unten der Krieg weitergeht.

Die in diesem Band gesammelten Beiträge für ein Symposium zum 85. Geburtstag von Norman Paech sind alle vor dem 7. Oktober 2023 entstanden. Sie thematisieren die Menschenrechte nicht immer direkt, kreisen aber alle um gesellschaftliche Auseinandersetzungen zwischen Krieg und Frieden – und kämpfen letztlich um die Durchsetzung der Menschenrechte.

In ihren Grußworten betonen sowohl die kubanische Botschafterin **Juana Martínez González** als auch der Präsident des Kubanischen Instituts für Völkerfreundschaft, **Fernando González Llort**, die Notwendigkeit der Internationalen Solidarität beim Eintreten für das Recht Kubas auf Selbstbestimmung, Souveränität und den Aufbau des radikal humanistischen Projektes: »Wie Comandante Ernesto Che Guevara es uns lehrte, müssen wir durch unser persönliches Beispiel ›gegen jede Ungerechtigkeit kämpfen, die irgendwo auf der Welt begangen wird‹.« Und in Gegnerschaft zur Aufhebung der verschärften Wirtschafts-, Finanz- und Handelsblockade, die die US-Regierung seit über sechzig Jahren aufrechterhält: »Das Ziel der US-Blockade? Uns in die Knie zu zwingen; Kuba zu annektieren. Das werden die USA jedoch nicht erreichen.«

Susanna Böhme-Kuby verfolgt die Geschichte des Kampfes um die Menschenrechte beim antifaschistischen Neuanfang in Italien: »Im Norden, in Piemont, war schon seit 1942 eine antifaschistische Front vor allem in den Industriebetrieben aktiv, und bereits im März 1943 organisierten die Arbeiter dort über Wochen den ersten politischen Generalstreik überhaupt – einen Streik gegen den Krieg! (…) Der Widerstandskampf der Italiener begann de facto mit diesen Arbeits- und Klassenkämpfen. (…) 1946/47 von einem Verfassungskonvent aus Vertretern der Resistenza erarbeitet und von ihrem Präsidenten, Umberto Terracini, einem engen Mitstreiter Antonio Gramscis, unterzeichnet, gründet sich diese Republik Italien laut Art. 1 auf ›die Arbeit‹. Damit schreibt sie den Arbeitern eine Führungsrolle im Lande zu, vor allem beim Abbau der großen sozialen Unterschiede und für eine öffentliche Nutzung des bis dahin absoluten privaten Eigentums. Explizit formuliert sind auch Rechtsansprüche auf Arbeit, Gesundheit, Bildung und Wohnung. Aber unter dem Einfluss der neuen weltpolitischen Akzente von USA und katholischer Kirche verschob sich während der eineinhalb Jahre 1946/47 das Kräfteverhältnis zwischen den beiden Linksparteien PCI/PSIUP, die bis dahin die Mehrheit der Wählerstimmen hatten, und den Christdemokraten zugunsten letzterer.«

Gunhild Berdal schreibt aus der Perspektive der Studierendenbewegung für den Frieden der 1960er und 80er Jahre bis heute: »Schon im Kampf gegen den Atomtod ab Ende der 50er Jahre wirkten Physiker, Philosophen, politische Aktivisten und Christen und eben auch Studierende, zunehmend organisiert, für die Abschaffung der Atomwaffen und hier konkret gegen die Bewaffnung der Bundesrepublik mit dem zerstörerischen Gerät. Nach dem Zivilisationsbruch von Hiroshima und Nagasaki verschrieben sich nicht wenige dem lebenslangen Kampf für den Frieden, so wie Albert Einstein und Bertrand Russell. Das ist eine gemeinsame Quelle der Ströme, die mal zusammenkommen, mal weiter auseinanderdriften, mal stärker, mal schwächer werden. Und, um im Bild zu bleiben, die sich mit vielen anderen Flüssen vereinen müssen, um zu einer mächtigen Bewegung zu werden.« Sie erinnert an eine wegweisende Aktion an der Hamburger Universität, die bis in die heutigen postkolonialen Auseinandersetzungen wirken sollte: »Die Studierendenbewegung ist auch eine antikoloniale Erhebung. In einer sommerlichen Nacht-und-Nebel-Aktion wurde nicht unweit vom Uni-Hauptgebäude das Denkmal des deutschen Kolonialherren Wissmann gestürzt, der dort mit ergebenem Askari und erlegtem Löwen thronte (zuerst 1967 und ein zweites Mal und endgültig 1968). Ein Fanal der 68er-Bewegung damals und ein Auftrag an uns heute, diese Kämpfe enger miteinander zu verbinden.«

Sevim Dağdelen beginnt mit einer klaren Aussage über das NATO-Bündnis: »Die NATO ist ein Kriegsführungsbündnis, das auf Expansion zielt und Völkerrecht wie Menschenrechte mit Füßen tritt. Wer Mitglied der NATO ist, verliert seine demokratische Souveränität; denn es sind immer die USA, die ihre Interessen hier hegemonial durchsetzen. Dazu sieben Thesen.«

Die NATO tauche unter dem allgemeinen Wahrnehmungsradar hindurch, gelte immer noch irrigerweise als ein Verteidigungsbündnis, führe in der Ukraine einen Stellvertreterkrieg, sei durch die US-Hegemonie ein eklatantes Dementi demokratischer Souveränität, sei ein expansiver Militärpakt und keine Gemeinschaft der Demokratien und Rechtsstaaten. Sie warnt schließlich, dass eine Linke, die ihren Frieden mit der NATO macht, sich aufgibt und kommt zu dem Schluss: »Ohne die Forderung nach einem Austritt Deutschlands aus der NATO wie auch nach dem völligen Abzug der US-Truppen und der US-Atomwaffen wird es nicht gehen. Dem sozialen Krieg gegen die eigene Bevölkerung, der mit den Folgen des Wirtschaftskrieges und schrankenloser NATO-Aufrüstung verbunden ist, muss etwas entgegengesetzt werden. Den Widerstand dagegen zu organisieren, ist die Forderung dieser Zeit.«

Daniela Dahn bekennt sich angesichts des Krieges in der Ukraine in ihrem Plädoyer für einen Frieden durch Verhandlung »zu einem pragmatischen Pazifismus, wie ihn der Philosoph Olaf Müller formuliert hat: Generelle Ablehnung von Waffengewalt mit der einzigen Ausnahme, dass Gewaltlosigkeit einen größeren Schaden anrichten würde als Gewalt« (…) »Nein, niemand, wirklich niemand kann die Garantie geben, dass weitere Waffenlieferungen nicht mehr Menschenleben kosten, als sie zu schützen vorgeben. Dafür sind Kriege viel zu unberechenbar. Die Zerstörung der Ukraine im Namen ihrer Rettung. Dieser Wahnsinn muss vermieden werden. Pazifismus will Menschen aus Fleisch und Blut retten, nicht Staaten, Ideologien und geopolitische Hegemonie.« Ziemlich zweifelnd fragt sie: »Ist das unsere ›wertegeleitete Außenpolitik‹? Betrachtet sie das Völker- und Menschenrecht als Verpflichtung zu einer eigenen Friedensordnung unter Einbeziehung Russlands? Als europäische Emanzipation, die sich durch eine Kooperation von Nationen ohne Nationalismus auszeichnet? Die ihr kulturelles Erbe der Aufklärung hochhält. Und sich auf eigene wirtschaftliche Interessen besinnt. Auf eine europäische Souveränität? Die beflissene Subordination unter einen Oberbestimmer gilt derzeit als feministische Politik. Der einzige Wert scheint die Einordnung in ein Gut-Böse-Schema, und der unbedingte Wille, Bestandteil der Hegemonie des Guten sein zu wollen.«

Auch **Annette Groth** kann in den verschiedenen Instrumenten der Entwicklungszusammenarbeit keinen Fortschritt bei der internationalen Durchsetzung der Menschenrechte erkennen: »Mit Hilfe von Strukturanpassungsprogrammen und aufgezwungenen Freihandelsabkommen wurden und werden bis heute Industrialisierungsstrategien zunichte gemacht, weil der kapitalistische Westen seine Produkte, oftmals hochsubventioniert, dort ablädt. Auf diese Weise wurden ganze Industriezweige zerstört; das Beispiel der billigen tiefgefrorenen Hähnchenteile aus Europa, mit denen die Hühnerproduzentinnen in Ghana nicht mithalten können und darum Bankrott gingen, ist nur eines von vielen.« Sie fragt: »Welche Entwicklung hätten die Länder des Globalen Südens eingeschlagen, wenn ihre Forderung nach Verstaatlichung der Rohstoffe sowie aller öffentlichen Güter realisiert worden wäre und sie eigenständige Entwicklungsstrategien hätten durchsetzen können? Wer weiß, wie die Welt heute aussehen würde, wenn Entwicklungsländer ihre Vorstellungen von einem sozialistisch orientierten Entwicklungsweg hätten realisieren können, wie sie z. B. von Salvador Allende, Thomas Sankara, Kwame Nkrumah, Julius Nyerere und anderen verfolgt wurden.«

Luc Jochimsen treibt die angebliche Ohnmacht der Kunst gegen die Gewalt des Krieges um, die sie in dem Leben und Werk von Bertha von Suttner und Erich Maria Remarque verkörpert sieht, – um dann eindringlich die tiefgreifende Notwendigkeit zur Veränderung zu benennen: »DIE WAFFEN NIEDER! und IM WESTEN NICHTS NEUES sind Kunstwerke des 19. und 20. Jahrhunderts, die den Krieg verdammen und ächten und durch ihr Millionenpublikum in aller Welt eine Kultur des Friedens schufen – mit Konsequenzen: Der Gedanke der Abrüstung kam in die Welt, die Idee vom übernationalen starken Völkerbund, Weltgemeinschaft... Verbündete kamen überall zusammen, Protestbewegungen, Antikriegsgruppen entstanden. Die Idee des Pazifismus leuchtete auf, der Glauben an Gewaltlosigkeit verbreitete sich, oder eher: die Hoffnung auf diese Möglichkeit dieses Zusammenlebens. Selten war dieses Umdenken so populär. Aber die Kriege gingen eben immer weiter. Auf den Ersten Weltkrieg folgte der Zweite Weltkrieg.« Sie greift zurück auf Aischylos, Euripides und Aristophanes und gibt trotz der ungebremsten Fortdauer des Krieges die Suche nach einer

Kultur des Friedens nicht auf: »Wie kommen wir zu einer Kultur des Friedens? Die Frage erweist sich, wenn man sich unsere Kulturgeschichte anschaut, als falsch gestellt. Wir haben ja eine weltweite Kultur des Friedens, und zwar von Anfang unserer übermittelten Geschichte an. Wir haben aber eben auch parallel die Gewalt des Krieges ebenfalls von Anfang an und bis heute. Was wir tun können, ja, machen müssten, ist, diese große, alte, junge Kultur des Friedens in den Alltag zu bringen. Die Bücher, die Dramen, die Filme … die Bilder, die Töne, die Musik, die hier nicht beschrieben werden konnten, weil es den Rahmen eines solchen Beitrags sprengen würde … Sie müssen wir dem Vergessen entreißen, verbreiten, neu beschreiben, erweitern, ergänzen. Eine Macht, die es mit der Gewalt des Krieges aufnehmen kann, wird die Kultur nicht werden – es sei denn, der in der Natur des Menschen angelegte Überlebenskampf verändert sich.«

Nirit Sommerfeld bringt in ihrer Präsentation der Bilderfolge »Guernica – Gaza« von Mohammed Al-Hawajri aus Gaza ein hochaktuelles Beispiel für Kunst im Krieg. Der Künstler hat Haus, Wohnung und Atelier im vollkommen zerstörten Gaza verloren und versucht, mit seiner Frau und zwei Kindern in der Wüste an der Grenze zu Ägypten zu überleben. Sie zitiert Al-Hawajri: »Guernica ist ein großartiges Beispiel für die Wichtigkeit, die der Kunst zukommt bei der Dokumentation der Realität und historischer Fakten. Mehr noch, es zeigt, dass Kunst einen Einfluss auf die Haltung der Menschen haben kann. Durch Kunst können die Leute Geschichte entdecken, können sie mit ihrer Gegenwart in Verbindung bringen und können Gewalt und Aggression ablehnen.« Und fügt hinzu: »Wenn Künstlerinnen und Künstler politische Positionen in ihren Werken beziehen, so tun sie das – und hier kann ich mich selbst mit einbeziehen – so tun wir das, weil wir aufzeigen, anklagen, aber auch aufrütteln wollen. Weil wir uns wünschen, dass das Leid ein Ende hat. Und weil wir wissen: Nicht nur Kriege sind menschengemacht, sondern auch ihre Befriedung liegt in Menschenhand.«

Auch **Karsten Nowrot** geht wie Daniela Dahn den Friedensmöglichkeiten im Ukrainekrieg nach, hier mit juristischen Mitteln: Für ihn ist eine Verhandlungslösung der einzig gangbare Weg, um für alle Parteien zu einem tragbaren Friedensschluss zu kommen. Diese steht nicht ohne Grund in der UN-Charta an erster Stelle der Alternativen für eine friedliche Streitbeilegung: »Die Regelung des Art. 33 Abs. 1 UN-Charta ist dabei als eine von insgesamt zahlreichen normativen Manifestationen der bereichsübergreifenden Verpflichtung zur friedlichen Beilegung von Streitigkeiten als eines der zentralen Grundprinzipien der zwischenstaatlichen Beziehungen in der heutigen Völkerrechtsordnung zu verstehen. Ihre wesentliche völkervertragsrechtliche Verankerung findet diese Verpflichtung, neben ihrer Erwähnung in Art. 1 Ziff. 1 UN-Charta, vor allem in Art. 2 Ziff. 3 UN-Charta, demzufolge alle Mitglieder der Vereinten Nationen ihre internationalen Streitigkeiten durch friedliche Mittel so bei[legen], dass der Weltfriede, die internationale Sicherheit und die Gerechtigkeit nicht gefährdet werden«. Im historischen Rückgriff stellt der Autor einen bedeutenden Wandel zur Verrechtlichung der Modalitäten von Kriegsbeendigung und Friedensschlüssen fest, die früher in ungeregelten politischen Verhandlungsprozessen folgten. So begrüßenswert diese stärkere Normierung der Friedenssuche auch ist, legt sie ihr jedoch auch verschiedene Restriktionen und Hindernisse in den Weg, die der Autor in zahlreichen Details untersucht. Sein Resümee: »Das Völkerrecht hält mögliche und zulässige Friedensermöglichungsstrategien – unter bestimmten Bedingungen auch in Gestalt einer Verhandlungslösung – bereit; sie im Interesse einer nachhaltigen Friedenssicherung optimal zu nutzen, erfordert jedoch von allen beteiligten Akteuren so etwas wie große politische Klugheit und Umsicht (…) Einfach wird das nicht.«

Norman Paech geht den Konsequenzen und Möglichkeiten nach, die sich daraus ergeben, dass »der Krieg Russlands gegen die Ukraine die Diskussion um die Möglichkeiten der internationalen Justiz im Krieg und insbesondere die Nachfrage nach dem Einsatz des Strafrechts sehr belebt hat. Das war nicht immer so. Die großen Kriege der USA und NATO gegen Vietnam, Afghanistan, Irak, Libyen und Syrien blieben weitgehend im Schatten der internationalen Gerichtsbarkeit, und auch im Jugoslawienkrieg blieben die Angreifer ungeschoren. Der erst 2002 eingerichtete Internationale Strafgerichtshof (IStGH) widmete sich lieber den Kriegsverbrechen in Afrika und war damit genügend beschäftigt.« Von den ersten

Überlegungen strafrechtlicher Verantwortung in den Haager Abkommen 1907, über den vergeblichen Versuch, Kaiser Wilhelm II. 1919 vor Gericht für den Weltkrieg zur Verantwortung zu ziehen, den internationalen Militärtribunalen von 1945 und den Sondertribunalen zu Jugoslawien und Ruanda 1993/94 bis zum IStGH in Den Haag mit dem Römischen Statut von 1998 haben die Staaten ein sehr effektives Strafrechtssystem vertraglich geschaffen, welches in letzter Zeit immer wieder mit den Souveränitätsansprüchen der mächtigsten Staaten kollidiert. Diese vermögen sich immer noch durch die selbst eingebauten Schlupflöcher der Strafverfolgung ihrer höchsten Repräsentanten zu entziehen, was jüngst dazu geführt hat, ein Sondertribunal für die Strafverfolgung des russischen Präsidenten Wladimir Putin zu basteln – ein problematisches Vorhaben.

Als Anhang ist ein »Fundstück« aus den ersten Berufsjahren von **Norman Paech** im Ministerium für wirtschaftliche Entwicklung, Bonn, hinzugefügt. Das Dokument aus dem Jahr 1969 nimmt die von Annette Groth formulierte Kritik vorweg und dokumentiert die Dauer und den Schneckengang des Fortschritts im Kampfe für die weltweite Durchsetzung der Menschenrechte auf ihrem Weg von der »Entwicklungshilfe« zur »Entwicklungszusammenarbeit«.

Unser besonderer Dank gilt Franziska Hildebrandt und Artur Brückmann, die dieses Symposion ersonnen und bis zu dieser Publikation aktiv begleitet haben.

Hamburg, 15. März 2024
Sevim Dağdelen, Annette Groth, Norman Paech

Juana Martínez González /
Fernando González Llort

Grußworte

29. April 2023

Lieber Norman,
es ist für mich eine Ehre, zu Deinem Geburtstag ein paar Worte an Dich zu richten.

Ich habe das große Glück, Dich vor vielen Jahren kennengelernt zu haben und Dein nobles, aktives Engagement für die Gerechtigkeit erleben zu können. Nach vielen Jahren bin ich zurück in Deutschland und kann feststellen, dass Du immer noch für die gerechte Sache der Völker der Welt, für Frieden und für eine bessere Welt kämpfst. Deshalb denke ich, Du gehörst zu den Menschen, die Bertolt Brecht als unentbehrlich bezeichnete: Menschen, die ihr ganzes Leben lang kämpfen!

Für Deine andauernde Unterstützung Kubas verdienst Du unsere Anerkennung und unseren Respekt. Du hast unsere tiefste Dankbarkeit für Deine Solidarität, für Deine Verurteilung der grausamen und ungerechten Wirtschafts-, Handels- und Finanzblockade gegen Kuba und für Dein Eintreten für die Freilassung der Cuban Five, die jahrelang in den USA inhaftiert waren. Wir danken für Deine Liebe zu einer Insel, die unter den schlimmsten Bedingungen weiterhin für ihre Souveränität, ihre Unabhängigkeit und den Aufbau eines gerechteren und menschlicheren Systems unermüdlich kämpft.

Im Anschluss möchte ich ein Schreiben vom Präsidenten des Kubanischen Instituts für Völkerfreundschaft (Instituto Cubano de Amistad con los Pueblos, ICAP), Fernando González Llort, verlesen. Er war einer der Cuban Five, für deren Freilassung Norman Paech so viel getan hat. Heute kann Fernando in seiner Heimat leben und weiter zum Aufbau unseres Sozialismus beitragen.

Juana Martínez González,
Botschafterin der Republik Kuba

Havanna, 10. April 2023,
65. Jahr der Revolution

Lieber Freund, Dr. Norman Paech,
es ist mir eine große Ehre, Ihnen in meinem Namen und im Namen des Kubanischen Instituts für Völkerfreundschaft zum Beginn dieses neuen Lebensjahres zu gratulieren.

Uns ist Ihre Liebe zu Kuba sowie Ihr Eintreten für das Recht Kubas auf Selbstbestimmung, Souveränität und den Aufbau unseres eigenen Projektes – sozial und integrativ für elf Millionen Kubanerinnen und Kubaner – ein Leitstern. Uns ist Ihre Unterstützung für die gerechte Sache der Völker Lateinamerikas, Afrikas und Asiens ein Vorbild. Wie Comandante Ernesto Che Guevara es uns lehrte, müssen wir durch unser persönliches Beispiel »gegen jede Ungerechtigkeit kämpfen, die irgendwo auf der Welt begangen wird«. Sie haben es getan. Gut haben Sie es getan.

Wir schätzen Ihre Solidarität mit der Sache Kubas und Ihre Unterstützung für die Aufhebung der grausamen, ungerechten, überholten und verschärften Blockade, die die US-Regierung seit über sechzig Jahren aufrechterhält. Das Ziel der US-Blockade? Uns in die Knie zu zwingen; Kuba zu annektieren. Das werden die USA jedoch nicht erreichen.

Ich wünsche Ihnen gute Gesundheit und viel Erfolg in diesem neuen Lebensjahr. Ihre Treue zum revolutionären Kuba inspiriert uns jeden Tag. Sie bewegt alle Kubaner, das Werk fortzusetzen, für das wir stehen.

Eine enge Umarmung und herzliche Glückwünsche!
Fernando González Llort
Kubanisches Institut für Völkerfreundschaft (ICAP)

Susanna Böhme-Kuby

Bella ciao! Die Blume des Partisanen...

Von Resistenza zum Anti-Antifaschismus in Italien

Am 25. April jährt sich die »Festa della Liberazione«, der wichtigste nationale Feiertag, der der Befreiung Italiens 1945, welcher auch in Venedig quer durch die Stadt mit Gedenkveranstaltungen für die Opfer der deutschen Besatzung und des Befreiungskampfes feierlich begangen wird. Am Riva Sette Martiri, dem Ufer zwischen Arsenale und Giardini, geht man an einem Wandbild vorbei, das die dort erfolgte Erschießung von »sieben Märtyrern« – am 3. August 1944 – zeigt.

»Bella ciao«, das inzwischen weltweit verbreitete Freiheitslied, geht allerdings nicht direkt auf den Partisanenkampf zurück. Da war wenig Gelegenheit zu singen und wenn, dann stimmten die Partisanen die Melodie von »Katiuscia« an, die viele von ihnen in Russland und der Ukraine bei den Soldaten der Roten Armee gehört hatten und die mit italienischem Text zu »Fischia il vento« wurde. Die von diversen Volksliedern inspirierte Komposition »Bella ciao«, wurde als Partisanenlied erstmals 1964 auf dem »Festival dei due mondi« in Spoleto bekannt. Ein Vergleich der beiden Liedtexte zeigt, dass »Bella ciao« keine explizit klassenkämpferische, sondern eine universale Aussage hat: der beweinte Partisan ist für »die Freiheit« gestorben, symbolisiert durch eine Blume auf seinem Grab. Man mag darin schon einen indirekten Hinweis erkennen auf die wachsende Entpolitisierung der kollektiven Erinnerung an die Befreiung Italiens am 25. April 1945, die Freiheit von Krieg und dem faschistischen Regime bedeutete. Aber Freiheit wozu? Nach diesem Kriege, der Millionen Menschen und viele tragende Strukturen des Landes zerstört hatte, gab es darüber sehr unterschiedliche Vorstellungen – auch und gerade unter den Partisanen. Erstmalig hatte ihr Freiheitskampf eine Möglichkeit in Sichtweite gebracht, die jahrhundertealten Fesseln von Kirche und Feudalsystem auch in Süditalien abzuschütteln und dem ganzen Land einen bis dahin nie erfahrenen, selbstbestimmten Weg zu eröffnen, mit revolutionierenden Perspektiven. Doch es gab Gegenströmungen, die sich bald als stärker erweisen sollten, nicht nur seitens der überkommenen »poteri forti« (starken Mächte) des Kapitals, der katholischen Kirche und der zurückgekehrten Mafia. Entscheidend war die Neuaufteilung Europas im Jalta-Kontext, die Italien fest ins US-Lager eingliederte und bis heute zu einem seiner unverzichtbaren Vasallen macht, die Souveränität des Landes stark einschränkend.

Im nationalen Partisanenverband Associazione Nazionale Partigiani d'Italia (ANPI), gegründet im Juni 1944, der bis heute etwa 150.000 Mitglieder unterschiedlicher politischer Richtungen vereint, traten politische Differenzen wieder zutage angesichts des russischen Angriffs auf die Ukraine im Februar 2022: Handelte es sich bei den angegriffenen Ukrainern nicht auch um »Partisanen«, deren Widerstand jetzt zu unterstützen war? Immerhin hatte sich der italienische Staatspräsident Sergio Mattarella gleich nach dem russischen Angriff dahingehend geäußert, die Anfangszeile von »Bella ciao« zitierend: Man habe »eines Morgens nach dem Erwachen den ›Invasor‹, den Angreifer, vor sich gefunden«. Doch ANPI-Präsident Gianfranco Pagliarulo wies auf die evidenten Differenzen der Situationen von 1943 und 2022 hin: Italien war damals ein vom Weltkrieg zerstörtes und mehrfach besetztes Land, dessen Partisanen einen Zwei-Fronten-Kampf gegen die Faschisten und gegen die Deutschen aus eigener Kraft aufgenommen hatten, um überhaupt überleben zu können, als der Staat praktisch desintegriert war. Und ihre Mehrheit kämpfte für eine freie, unabhängige Zukunft. Die Unterschiede zur heutigen Kriegslage, wo Ukrainer/innen vor allem auch für die Ziele anderer Mächte kämpfen müssen, sind deutlich zu erkennen, wenn man genau hinsehen will.

Der historische Kontext der Resistenza
Der Zweite Weltkrieg war für die sogenannten Achsenmächte de facto schon 1943 verloren. Nach der deutschen Niederlage bei Stalingrad im Februar 1943, der Niederwerfung deutsch-italienischer Truppen in Nord-

afrika am 13. Mai durch die Anglo-Amerikaner und nach deren Landung am 9. Juli in Sizilien wollte sich Italien aus dem Würgegriff der Deutschen befreien.

Am 19. Juli 1943 war Rom selbst durch alliierte Bomben erstmalig schwer geschädigt worden, allein im Stadtviertel San Lorenzo nahe des Hauptbahnhofs Termini zählte man über 3.000 Tote und 10.000 Verwundete. Es folgten noch weitere fünfzig große Zerstörungen bis in den Mai 1944 hinein; am 4. Juni 1944, nach neun Monaten schlimmster deutscher Besatzung, konnte die Stadt endlich befreit werden.

Mussolini war 1940 Hitlers Eroberungskrieg beigetreten und hatte seine Truppen nach den vorhergehenden kolonialen Gemetzeln in Äthiopien (1935), in den Bürgerkrieg nach Spanien (1936), nach Albanien (1939), dann nach Frankreich, Griechenland, Jugoslawien und 1941 auch noch gegen die Sowjetunion geschickt, unter völlig unzulänglichen Bedingungen. Die Truppen und die Bevölkerung waren mehr als kriegsmüde.

Am 25. Juli 1943 wurde der Duce auf Weisung des Königs von einem Teil des Faschistischen Großrats abgewählt, als Regierungschef abgesetzt und auf einer hochgelegenen Festung auf dem Gran Sasso festgesetzt. Der neu ernannte Regierungschef Pietro Badoglio, berüchtigter Kommandeur der Kolonialkriege, gab zunächst die Losung aus: »Der Krieg geht weiter« und zwar an der Seite der Deutschen. Doch nach kurzen und erfolgreichen Waffenstillstandsverhandlungen mit den Alliierten wurde am 3. September die bedingungslose Kapitulation Italiens unterzeichnet, die am 8. September bekannt gegeben wurde. Gleichzeitig setzten sich Regierung und König per Schiff in den Süden ab. Doch damit war der Krieg in Italien aber noch immer nicht beendet, sondern ging weiter – nun gegen die aus dem Norden vorrückenden deutschen Truppen. Der monarchistische, jetzt auch politisch zweigeteilte Staat hatte sich de facto Ende Juli 1943 aufgelöst und seine Bürger und Militärs sich selbst überlassen, das Chaos war groß. Die weitgehend erschöpften italienischen Soldaten, deren Befehlshaber keine klaren Weisungen mehr gaben, sahen sich allein der Entscheidung ausgesetzt, entweder für die Deutschen oder mit den Alliierten weiterzukämpfen – oder sich »in die Berge« abzusetzen, zu den Partisanen. Die hatten im Norden begonnen zu agieren: gegen die deutschen Truppen und ihre Helfer, die Faschisten der sogenannten »Republik von Salò«. Diese regelrechte Marionettenrepublik war auf Hitlers Befehl zur Stützung des Faschismus am 23. September 1943 als Repubblica Sociale Italiana (RSI) am Gardasee errichtet worden, mit einem machtlosen Mussolini an der Spitze, der nur noch ein Schatten seiner selbst war, als Hitler ihn vom Gran Sasso am 12. September entführen ließ.

Im Norden hatten die Deutschen gleich nach dem 8. September ca. 650.000 italienische Soldaten und Offiziere direkt ins Reich deportiert und sie – gegen geltendes Kriegsrecht – zur Zwangsarbeit für den deutschen Krieg verpflichtet. Die abtransportierten Militärinternierten reihen sich ein in die ca. 13 Millionen ausländischen Zwangsarbeiter, die über mehrere Jahre die Kriegsproduktion im Reich aufrechterhielten und durch ihre unbezahlte Arbeit zu einem beträchtlichen Teil jenes Kapitalstocks beitrugen, der dann später zur Basis des westdeutschen Wirtschaftswunders wurde. In den 1990er Jahren hat der Wirtschaftshistoriker Thomas Kuczynski berechnet, dass sich diese Summe auf mindestens 180 Milliarden DM beläuft, das entspricht etwa 90 bis 100 Milliarden Euro.[1]

Zahllose Massaker, über 400 mit mindestens 15.000 zivilen Opfern, die sie meist direkt in Dörfern und Kirchen umbrachten, verübten die Deutschen an der Zivilbevölkerung, die die Partisanen auf der noch überwiegend agrarischen Appenin-Halbinsel mehrheitlich unterstütze. Nicht einmal die Namen der wichtigsten geschundenen Orte haben sich ins deutsche Nachkriegsbewusstsein eingeprägt, ja wurden bis heute kaum bekannt: Boves (dessen Inbrandsetzung am 19. September 1943 die Bedeutung eines italienischen Guernica erreichte), Marzabotto, Sant'Anna di Stazzema, die Fosse Ardeatine in Rom oder die dortige Folterzentrale in der Via Tasso, Konzentrationslager wie Fossoli bei Modena, San Saba bei Triest – und die Namen der vielen kleinen Apennin-Dörfer in der Toskana und der Emilia-Romagna mit zahllosen Massenerschießungen. Erich Kuby beschrieb 1982 erstmalig, wie »zwischen 1943 und 1945 die Deut-

---

1 Vgl. Thomas Kuczynski, Von der moralischen Empörung zur statistischen Rekonstruktion. Zur Berechnung von Entschädigungsansprüchen für Zwangsarbeit im »Dritten Reich«; Vortrag am 21.12.2000: leibnizsozietät.de.

schen dort (in Italien) als Besatzungsmacht geherrscht haben. Dass sie dabei kaum anders als in Polen gehaust haben – wer weiß es?«[2]

Während alledem rückten die Alliierten von Sizilien jedoch nur langsam nach Norden vor. Churchill selbst konstatierte 1943, dass, während im Osten die Rote Armee allein gegen 185 deutsche Divisionen ankämpfen musste, sie selbst »mit nur 6 Divisionen spielen konnten«.

Erinnert sei auch an den großen viertägigen Aufstand der Neapolitaner Ende September 1943, legendär geworden als »Quattro giornate di Napoli«, an denen die schon seit 1940 von den alliierten Bombardements stark beschädigte Stadt und ihre geschundene Bevölkerung gemeinsam mit den Soldaten in einem verzweifelten Stadtguerilla-Kampf die militärische Übermacht der Deutschen und Faschisten brachen, sie in die Flucht schlugen und die Stadt am 1. Oktober den Alliierten übergaben: Neapel war damit die erste Großstadt Europas, die sich allein befreite.

Nach dem Krieg
Bis heute wurde den sogenannten italienischen Militärinternierten (IMI) – trotz einiger langer Prozesse in den letzten zwanzig Jahren mit rechtskräftigen Verurteilungen in Italien – weder adäquate öffentliche Anerkennung noch direkte Entschädigung aus Deutschland zuteil. Letztere wird bis heute kategorisch abgelehnt, und die Deutschen beziehen sich noch immer mit Nachdruck, um nicht zu sagen mit Genugtuung, auf ihre Einmalzahlung von sage und schreibe 40 Millionen D-Mark für alle Kriegsschäden, mit der die italienische Regierung im Jahre 1961 abgefunden worden war.

Damals war auch der berüchtigte Schrank im römischen Palazzo Cesi, dem Sitz der Militärjustiz-Behörde, in dem die von den Alliierten ermittelten Erkenntnisse über 695 Verbrechen gestapelt waren (in 280 Fällen gegen unbekannt, aber in 415 Fällen gegen namentlich erfasste Täter), einfach mit den Türen zur Wand gedreht worden. Die im atlantischen Kon-

---

2   Vgl. Erich Kuby, Verrat auf deutsch. Wie das Dritte Reich Italien ruinierte, Hamburg 1982. – Bis heute wird an diesen Stätten zu den Jahrestagen dieser Verbrechen nur von italienischen Autoritäten gedacht. Es gibt aber inzwischen eine minutiöse Auflistung und Beschreibung all dieser Orte, die vom Studienkreis Deutscher Widerstand 1933-1945 e.V. erstellt wurde: www.gedenkorte-europa.eu.

text wiederaufgerüsteten NATO-Staaten sollten nicht mit solchen Hypotheken belastet werden – und von der faschistischen zur nachfolgenden Justiz gab es in Italien wie in Deutschland überwiegend Kontinuitäten. Die antifaschistischen Energien der ersten Stunde waren von den christdemokratischen Regierungen – auch in Rom – rasch in einen antikommunistischen Konsens umgeleitet worden. Nach der ersten verlorenen Runde des Jahrhundertkampfs gegen den Bolschewismus, galt es für den Westen, sich ab 1947 in einem sogenannten Kalten Krieg auf eine zweite, nunmehr siegreiche Runde vorzubereiten. Die Geheimdienste vor allem des Vereinigten Königreichs und der USA spielten eine entscheidende Rolle bei der dieses Vorhaben flankierenden antikommunistischen Propaganda in den westlichen Medien, so auch in Italien.

Erst spät, 1994, drehte jemand den »Schrank der Schande« in Rom wieder um, und es kam auch eine lange Liste des britischen Geheimdienstes über »Atrocities in Italy« zutage, versehen mit dem Stempel »secret«, die viele Verbrechen auch der italienischen Faschisten in den besetzten Ländern wie Albanien, Griechenland und Jugoslawien ans Licht brachte. Dem folgten dann zwar – nach fünfzig Jahren! – Ermittlungen zu Einzelfällen, einige Prozesse und wenige Verurteilungen in letzter Instanz, aber die Berliner Regierungen bemühten im neuen Jahrtausend das Internationale Tribunal in Den Haag, um sich ein Recht auf Staatenimmunität vor Klagen einzelner ausländischer Staatsbürger zubilligen zu lassen – mit Erfolg. Dieses Urteil, das eher einer Empfehlung (laut Art. 96 der UN-Charta) gleichkommt, reiht sich in eine furchtbare deutsche Tradition ein und steht in eklatantem Widerspruch zu allen im globalen Kontext verkündeten Bemühungen, internationales Recht und Menschenrechte zu stärken.

Resistenza und Liberazione
Im Norden, in Piemont, war schon seit 1942 eine antifaschistische Front vor allem in den Industriebetrieben aktiv, und bereits im März 1943 organisierten die Arbeiter dort über Wochen den ersten politischen Generalstreik überhaupt – einen Streik gegen den Krieg! – der unter anderem bei FIAT, Breda und Alfa Romeo 100.000 Arbeiter involvierte, auch das ein in Europa einmaliges Ereignis. Der Widerstandskampf der Italiener begann de facto mit diesen Arbeits- und Klassenkämpfen. Die Fabriken wurden

seit Herbst 1943 durch das oberitalienische Befreiungskomitee, Comitato di Liberazione Nazionale (CLNAI), geschützt vor Eingriffen vonseiten der deutschen Militärverwaltung, die über allem stand. Die materielle Ausbeutung durch die Deutschen heizte den Volkskrieg an und verschaffte den Partisanen immer stärkeren Rückhalt in der Bevölkerung. Im Dezember 1944 ging in der deutschen Botschaft in Salò ein Telegramm Ribbentrops ein, mit dem Befehl, die »streikenden Arbeiter unter Kriegsrecht zu stellen, die Rädelsführer zu verhaften und als Kommunisten kurzerhand zu erschießen«[3]. Dennoch wurden die Streiks bis 1945 im gesamten Norden fortgesetzt.

Gleich nach dem Waffenstillstand hatten sich in Rom am 9. September die Vertreter der antifaschistischen Parteien, die über Jahre im Untergrund agiert hatten, wie die Kommunisten (PCI), oder die sich neu gründeten, wie die Sozialisten der proletarischen Einheit (PSIUP), zum Nationalen Befreiungskomitee (CLN) zusammengeschlossen: mit der neuen Aktionspartei, Partito d'Azione (Pd'A), den der alten Volkspartei entstammenden Christdemokraten (DC) und den Liberalen (PL) sowie der neuen Partei der Arbeit (PDL). Präsident des CLN, das den Partisanenkampf von da an politisch leitete, wurde Ivanoe Bonomi, der auch als Regierungschef nach der Absetzung Badoglios die Übergangsphase vom Juni 1944 bis zum Kriegsende 1945 begleitete. Diesen politischen Parteien ordneten sich die militärischen Formationen der Partisanen zu – von zunächst kleineren Brigaden bis zu ganzen Divisionen, die sich überwiegend aus aufgelösten Soldatenverbänden rekrutierten. Am stärksten waren die Brigaden »Garibaldi« der Kommunisten, die »Giustizia e Libertà« der Aktionspartei (Pd'A) und die »Matteotti« der Sozialisten. Dazu gab es diverse christdemokratisch inspirierte Formationen, autonome, monarchistische sowie trotzkistische und anarchische Gruppierungen. Sie alle schlossen sich im Winter 1944/45 mit den militärischen Formationen des CVL (Volonari della Libertà) zusammen und bereiteten mit dem CLN im Frühjahr 1945 den nationalen Aufstand vor, der dann zum Waffenstillstand und zur Befreiung führte. Das Comando Generale des CVL löste sich schon im Juni 1945 auf und wurde erst 1958 offiziell als reguläre militärische Formation

---

3 Erich Kuby, a.a.O., S. 449.

der italienischen Streitkräfte anerkannt. Als solche hatte das CVL – einzigartig in Europa – dazu beigetragen, unter Einbeziehung aller kämpfenden Parteien zu einem Friedensschluss zu kommen.

Über die Frage der möglichen Bildung einer stabilen nach-faschistischen Regierung im kriegszerstörten Italien, die auch die Alliierten beschäftigte, gingen die Meinungen im CLN erheblich auseinander, und es war letztlich die reformistische »Wende von Salerno« der Kommunisten, die den Streit beilegte und zunächst eine zweite kurze Badoglio-Regierung von April bis Juni 1944 ermöglichte. Der kommunistische Generalsekretär, Palmiro Togliatti, war kurz zuvor mit der Direktive aus dem Moskauer Exil zurückgekehrt, alle angestrebten institutionellen Erneuerungen auf das Kriegsende zu verschieben. In den zwanzig Monaten der Existenz des CLN waren in vielen der befreiten Gebiete eigenständige lokale Verwaltungen entstanden, von Turin, Genua und Mailand bis nach Florenz und Padua. Über mehrere Monate hielten sich sogar fünfzehn regelrechte Partisanenrepubliken, die größten im Ossola-Tal, im Monferrato und in Carnia/Ampezzo mit ad hoc gebildeten basisdemokratischen Strukturen. Doch sie sollten nicht von Dauer sein.

Bedeutung der Resistenza und demokratische Verfassung

Dass diese erste große demokratische Erfahrung »von unten« in Italien einen tiefen Eindruck hinterließ und sich vielfältig in der komplexen Nachkriegsentwicklung niederschlug, ist offensichtlich. Die Hoffnungen waren groß, das ganze Land und seine Menschen endlich auf einen neuen selbstbestimmten Weg bringen zu können, nach Jahrhunderten fremder Gängelung, die die bis dahin nur formale nationale Einheit keineswegs beseitigt hatte. Die gesamte Nachkriegskultur war über Jahre geprägt von dieser Aufbruchstimmung, die auch im sogenannten Neorealismus Ausdruck fand: Bildende Kunst, Literatur und Filme bieten reiches Material und faszinierendes Zeugnis davon bis heute.

Auch im Ausland ist die besondere, von Krieg und Resistenza geprägte Filmproduktion der 40er Jahre bekannt, von Roberto Rossellini (Roma città aperta 1945, Paisà 1946, Germania anno zero 1948), Vittorio De Sica (Sciuscià 1946, Ladri di biciclette 1948, Umberto D. 1952), Luchino Visconti (La terra trema 1948), Luigi Zampa (Anni difficili 1949), Pietro

Germi (In nome della legge 1949) bis zu Giuseppe De Santis (Riso amaro 1949). Auch in den folgenden Jahrzehnten lieferten sozialkritische Filme oft schonungslose Bilder der Veränderungen der italienischen Gesellschaft. Nur einige der wichtigsten Regisseure seien genannt: Michelangelo Antonioni, Federico Fellini, Luigi Comencini, Mario Monicelli, Alberto Lattuada, Carlo Lizzani, Dino Risi, Francesco Rosi, Ermanno Olmi, Elio Petri, Bernardo Bertolucci, Marco Bellocchio, Gianfranco De Bosio.

In der Literatur datiert der sogenannte Neorealismus schon auf 1929, als Alberto Moravia mit dem Roman »Gli indifferenti« (Die Gleichgültigen) ein bizarres Bild der Leere der bürgerlichen Welt zeichnete. Nach 1945 wurde die Kritik auch um die ideellen Werte der Resistenza für einen gesamtgesellschaftlichen Neubeginn erweitert. Damit verbunden sind u.a. die folgenden Namen: Vittorio Brancati, Beppe Fenoglio, Italo Calvino, Vasco Pratolini, Elio Vittorini, Carlo Cassola, Cesare Pavese.

Seit geraumer Zeit wird gerade von links selbstkritisch beklagt, man habe darüber versäumt bzw. verdrängt, den Einfluss von zwanzig Jahren Faschismus auf die Nachkriegsdemokratie stärker kritisch zu erfassen, dessen historische Schuld oft hinter der der Nazis verschwunden war. Seit den 1990er Jahren, als nach der welthistorischen Wende von 1989 faschistische Tendenzen verstärkt auftraten, widmet man sich in diversen Forschungsinstituten einer verstärkten Aufarbeitung. Die nationale Partisanenvereinigung ANPI versucht, eine lebendige Erinnerung an die Kämpfer und Opfer wachzuhalten und einem Verblassen der historischen Erfahrung entgegenzusteuern. Die zunehmende Revision und Abwertung des historischen Antifaschismus zu einem Anti-Antifaschismus hat jedoch komplexere Ursachen als nur eine schwindende Erinnerungskraft.

Der unmittelbare Nachkrieg hatte den Italienern und erstmals auch den Italienerinnen die Entscheidung für eine demokratische Republik (1946) ermöglicht – wenn auch nur mit einer schmalen Mehrheit der fast hälftig zwischen Nord und Süd geteilten Bevölkerung – sowie die Verabschiedung einer liberaldemokratischen Verfassung mit dezidiert sozialer Ausrichtung. 1946/47 von einem Verfassungskonvent aus Vertretern der Resistenza erarbeitet und von ihrem Präsidenten, Umberto Terracini, einem engen Mitstreiter Antonio Gramscis, unterzeichnet, gründet sich diese Republik Italien laut Art. 1 auf »die Arbeit«. Damit schreibt sie den Arbeitern eine

Führungsrolle im Lande zu, vor allem beim Abbau der großen sozialen Unterschiede und für eine öffentliche Nutzung des bis dahin absoluten privaten Eigentums. Explizit formuliert sind auch Rechtsansprüche auf Arbeit, Gesundheit, Bildung und Wohnung. Aber unter dem Einfluss der neuen weltpolitischen Akzente von USA und katholischer Kirche verschob sich während der eineinhalb Jahre 1946/47 das Kräfteverhältnis zwischen den beiden Linksparteien PCI/PSIUP, die bis dahin die Mehrheit der Wählerstimmen hatten, und den Christdemokraten zugunsten letzterer. Dennoch blieben von der Verfassung dezidiert antifaschistische Werte garantiert und der Krieg ist als Mittel der Auseinandersetzung zwischen Staaten explizit geächtet. Doch Verfassungstext und gesellschaftliche Realität lagen nicht nur damals weit auseinander, ersterer entsprach und entspricht einem Versprechen, einem noch immer zur Verwirklichung ausstehenden Projekt.

Zwar schrieb Pietro Calamandrei, einer ihrer Mitautoren, in *Uomini e città della Resistenza*, Bari 1955: »In dieser Verfassung liegt unsere gesamte Geschichte, unsere Vergangenheit, unser Schmerz, unser Unglück und Ruhm – sie alle finden sich in ihren Artikeln wieder. Dahinter lassen sich ferne Stimmen vernehmen, wie die der Anführer des Risorgimento von Mazzini und Cavour zu Cattaneo und Garibaldi.« Hinter der nunmehr »unteilbaren Republik, die sich auf Arbeit gründet, die den Krieg verabscheut, sind die Stimmen von Matteotti, Don Minzoni und den Brüdern Cervi hörbar sowie die der über 100.000 Toten der Resistenza, Partisanen aller Couleur: Kommunisten, Sozialisten, Popolari, Aktivisten, Katholiken und Juden«.

Vor Mailänder Schülern sagte er im selben Jahr über die Verfassung, jenes »große Buch der Demokratie«: »Wenn ihr die Orte aufsuchen wollt, an denen unsere Verfassung geboren wurde, dann geht in die Berge, wo die Partisanen fielen, zu den Gefängnissen, wo sie gefoltert wurden, in die Lager, wo man sie aufhängte – überall dort sind Italiener gestorben, um Würde und Freiheit aufrechtzuerhalten.«

Aber schon 1946 konnte Calamandrei sich verdichtende Hinweise auf eine kommende Restauration ausmachen, die auch in Italien eine tiefgreifende juristische Abrechnung mit den Faschisten verhinderte. »Nürnberger Prozesse« blieben aus, denn Italien stand und fühlte sich inzwischen auf Seiten der Sieger. Das erste von dem Aktionisten Ferruccio Parri (Pd'A) angeführte Nachkriegskabinett der Nationalen Einheit (Juni bis Dezember 1945) initiierte zwar eine Strafverfolgung der Faschisten, scheiterte aber mit weiteren Maßnahmen zur Demokratisierung an den Liberalen und wurde schon im Dezember von einer ersten Regierung De Gasperi, des Führers der Christdemokraten (DC), abgelöst. Die weitere Auseinandersetzung mit den bürgerlichen Parteien und dem Vatikan, die keine wirkliche Strafverfolgung der Faschisten wollten, endete beim Sieg der Republik im Juni 1946 durch eine Amnestie für geringfügige Straftaten zur politischen Befriedung der Bevölkerung; sie wurde von Justizminister Palmiro Togliatti (PCI) unterzeichnet. Doch bald begann der Kalte Krieg, und nach dem Ausschluss der Kommunisten im Mai 1947 aus der 4. Regierung De Gasperi wurde die Amnestie sehr viel großzügiger gehandhabt. Die nichtentfaschisierte Justiz hob 1953 alle Begrenzungen auf, so dass praktisch alle bis 1948 erfolgten Straftaten amnestiert waren. Nicht wenige Partisanen konnten ihren Folterern bald auf der Straße wiederbegegnen, und danach wurde die juristische Stoßrichtung sogar umgedreht, nun ging es gegen die Partisanen. Damit blieb auch über die 1950er Jahre erhebliches Konfliktpotenzial virulent und die Republikaner von Salò blieben juristisch unbehelligt – nachdem einige ihrer Minister während der Befreiung erschossen worden waren. Ihr Militärchef, der aus Afrika übel berüchtigte Marschall Rodolfo Graziani, wurde 1953 sogar Ehrenpräsident des Movimento Sociale Italiano (MSI), der neofaschistischen Partei, und als solcher von Giulio Andreotti, dem einflussreichsten DC-Politiker, in aller Öffentlichkeit umarmt.

Der einzige Kriegsverbrecher, der in Italien im Gefängnis saß, war der furchtbare SS-Führer Herbert Kappler, während der Besatzung Roms verantwortlich für alle Folterungen und den besonders hinterhältigen Abtransport der römischen Juden nach Auschwitz, sowie für das Massaker an 391 Menschen in den Fosse Ardeatine. Er wurde am 15. August 1977 von seiner Frau in einem großen Koffer aus dem Militärhospital von Gaeta hinausgetragen und heim bis nach Soltau gebracht – die Mitwirkung von Regierung und Geheimdiensten war offensichtlich. Letzteren, mit den Faschisten der Geheimpolizei OVRA durchsetzt und von den USA gestützt, kommt eine fatale, über lange Zeit weithin im Dunkeln der Geheimloge P2 (Propaganda due) belassene Rolle während der Nachkriegsjahrzehnte zu.

Faschismus nach dem Faschismus

Obwohl die Resistenza für eine Mehrheit, für alle Italiener gekämpft hatte, sollte sie nach und nach immer mehr zur Erinnerung einer Minderheit degradiert und zunehmend von rechts desavouiert werden. Dieser Widerspruch bestimmt bis heute die »Krise des Antifaschismus«, die eben verdeutlicht, dass ein Antifaschismus, der nicht auch die Prämissen des Faschismus beseitigt, letztlich politisch wirkungslos bleibt – nicht nur in Italien. Schon früh war klar geworden, dass die Resistenza zwar zum Ende des Krieges und zur Entmachtung der faschistischen Führer geführt hat, aber nicht zum Ende des Faschismus als Machtinstrument und nicht zur Beseitigung seiner sozio-ökonomischen Basis. Das – trotz Parteiverbot für Faschisten – schon 1946 von den Salò-Faschisten unter Giorgio Almirante gegründete Movimento Sociale Italiano (MSI), existierte zwar lange nur am Rande, außerhalb des Verfassungsbogens der neuen Republik, etablierte sich aber mit 2 % der Wählerstimmen schon 1948 im Parlament und stützte auch folgende DC-Regierungen. Wesentliche Teile in Verwaltung, Justiz und Militär, die schon unter Mussolini dienten, waren nicht ausgewechselt worden und bildeten einen permanenten Machtfaktor. Bei den Parlamentswahlen 1948 hatten die Christdemokraten mit Unterstützung durch die USA, des Vatikans und der wieder präsenten Mafia die Mehrheit und damit die Regierungsmacht erreicht und gaben sie über fast vier Jahrzehnte nicht mehr ab. Unter ihrem politisch umsichtigen Chef, Alcide De Gasperi, leiteten die DC-Regierungen im ersten Jahrzehnt der Restauration einen Wiederaufbau mit noch teilweise frühkapitalistischen Methoden ein. Die Kommunistische Partei wuchs währenddessen zur stärksten Oppositionskraft an, doch blieb ihr lange Jahre der Einfluss auf die Institutionen verwehrt.

In Sizilien verhinderte man das sofort am 1. Mai 1947, als in Portella della Ginestra Landarbeiter den Tag der Arbeit begehen und den gerade lokal errungenen Wahlsieg von PCI/PSI mit 32 % der Stimmen (über die DC mit nur 20 %) sowie eine beschlossene Agrarreform feiern wollten. Eine Viertelstunde lang schossen Mitglieder der mafiösen Bande von Salvatore Giuliano in die Menge, 11 Tote und 27 Verletzte blieben liegen. Es war das erste von einer Staatsgewalt tolerierte Massaker, das zeigte, dass keine Veränderung der Machtverhältnisse zugelassen wurde. Erst zum Ende der 1950er Jahre wurde das Monopol der DC unhaltbar – eine Öffnung zu einem Centro-Sinistra mit den Sozialisten Pietro Nennis wurde angedacht, aber durch neue Offensiven der Rechten vereitelt.

Im Sommer 1960 konnten die Antifaschisten einen Vormarsch der MSI-Faschisten in Genua stoppen, aber als sich die Kämpfe im Lande ausweiteten, wurden in Reggio Emilia fünf Arbeiter von der Polizei erschossen, und die pro-faschistische Regierung Tambroni musste, an der Schwelle eines Bürgerkriegs, zurücktreten. Seitdem planten Faschisten und subversive Kräfte mit Unterstützung diverser Geheimdienste mehrere regelrechte Putschversuche (z. B. 1964 Piano Solo und 1970 der von Junio Valerio Borghese).

Es war der italienische Dichter und Filmregisseur Pier Paolo Pasolini, der die Fähigkeit besaß, frühzeitig Symptome zu erkennen und bereits in jenen 1960er Jahren vom »Faschismus nach dem Faschismus« sprach. Das erinnerte an Adorno, der das »Nachleben des Nationalsozialismus in der Demokratie« für potenziell bedrohlicher hielt, »als das Nachleben faschistischer Tendenzen gegen die Demokratie«.

Pasolinis Sorge galt dabei weniger der Rückkehr faschistischer Nostalgiker, als dem wachsenden Konformismus und den kulturellen Auswüchsen der sich etablierenden Marktwirtschaft, jener Konsum-Zivilisation, in der er früh ein großes Zerstörungspotenzial für Italiens ungleichzeitige Gesellschaft sah. Und er schrieb: »Man muss stark sein, dem Faschismus in seiner normalen Erscheinung, seiner Normalität entgegenzutreten, nämlich der lockeren, mondänen und elitären Kodifizierung seiner brutal egoistischen Grundlage unserer Gesellschaft.«[4]

Die folgenden gewaltsamen Versuche der Brigate Rosse in den 1970er Jahren, jenes kapitalistische Establishment zu schwächen, sowie wiederholte schwere Anschläge subversiver Kräfte des rechten Lagers bis in die 1980er und sogar 1990er Jahre, gedeckt von Polizei, Geheimdiensten und Mafia, mit dem Ziel, die Demokratie selbst aus den Angeln zu heben, endeten in der Tat eben damit, keinen demokratischen Wechsel an der Spitze zuzulassen.

Das alles geschah, obwohl Togliatti schon seit 1944 die PCI als eine »Partei neuen Typs« zu etablieren versuchte, die revolutionäre Perspek-

---

4   P. P. P., Fascisti: Padri e figli, in Vie nuove, Nr. 36, 6.9.1962, dt. in »Freibeuterbriefe«.

tiven zugunsten einer zunächst als notwendig erachteten Demokratisierung der so unterschiedlich entwickelten Teile Italiens zurückgestellt hatte. Daraus war jene spezifisch demokratisch-pluralistische Perspektive für einen westlichen Sozialismus entstanden, die Enrico Berlinguer nach 1969 und bis zu seinem frühen Tode 1984 konsequent in immer stärkerer Abgrenzung von der Sowjetunion verfolgte. Aber nach der Ermordung Aldo Moros (1978) blieb Italien weiterhin eine blockierte Demokratie. Das Ende der lange von der PCI gehegten Hoffnung auf Regierungsbeteiligung, zuletzt mittels eines »historischen Kompromisses« mit linken Christdemokraten, wurde auch durch den Putsch Pinochets gegen die demokratische Allende-Regierung in Chile (1973) bestärkt. In den USA hatten sich jene Kräfte (z. B. Henry Kissinger) durchgesetzt, die auch in Europa keine linken Experimente zulassen wollten und den Eurokommunismus Berliguers für eine gefährliche Taktik hielten. Sie setzten lieber auf einen bewährten Antikommunisten, wie den Sozialistenchef Bettino Craxi, der 1979 den geringfügigen Stimmenverlust der PCI zu seinen Gunsten ausnutzen konnte. Seit 1983 führte er dann mit weniger als 10 % der Wählerstimmen eine Regierung an, die bereits in den frühen 1980er Jahren einem Berlusconi die propagandistischen Medien-Steigbügel hielt.

Die folgende welthistorische Wende von 1989/91 führte auch in Italien zu einem folgenschweren politischen Zusammenbruch, und zwar des gesamten bisher DC-basierten Parteien- und Machtgefüges – was nirgendwo sonst geschah. In dem kurzzeitigen Vakuum konnte dann ein Silvio Berlusconi als »Antipolitker« Fuß fassen und mit seiner seit den 1970er Jahren akkumulierten ökonomischen und medialen Macht unvermittelt herrschen, jenes System verkörpernd, vor dem Pasolini so weitsichtig gewarnt hatte. Die Nachfolger der 1991 selbst aufgelösten PCI übernahmen in ihren diversen Folgeformationen (bis heute zählt man deren nacheinander 24), insbesondere in der ideologisch weitgehend entsorgten demokratischen Sammelpartei PDS, heute PD, jene neoliberale Optik, die bereits überall vorherrschte. Damit schalteten sie sich selbst auch als eingreifende Opposition aus, denn sie hatten der oligarchischen neoliberalen EU und der entsprechenden Maastricht-Ordnung – außer kosmetischen Korrekturen – nichts mehr entgegenzusetzen. Die Ausklammerung oder sogar

Negierung der sozialen Frage und des Grundkonfliktes zwischen Kapital und Arbeit bedingte letztlich ihre politische Stagnation sowie ihren auch ideologischen Niedergang – bis hin zur Übernahme des heutigen Neo-Atlantismus mit der fast bedingungslosen Unterordnung unter die Interessen des US-Kapitals. Sie verloren Millionen Wähler an Protestbewegungen wie die der Fünf Sterne (Beppe Grillo), an die noch lokal verankerte Lega (Nord) und vor allem an die Resignation, die sich heute in 35 bis 40% Nichtwählern ausdrückt.

Immer wieder taucht die Frage auf, wie das Ende der größten kommunistischen Partei Europas und ihres Einflusses so schnell möglich war. Zur ideologischen und personellen Selbstentmachtung traten externe Faktoren, die ihren Ausschluss beschleunigten. Dazu gehörten auch Änderungen am Wahlsystem, mit dem bekanntlich die Repräsentanz der Wahlbürger gesteuert und begrenzt werden kann. Nach dem Ende der Mailänder Justizaktion der »Mani pulite« etablierte man mit dem neuen Parteiengefüge 1993 auch ein neues partielles Majoritätswahlrecht, das bei den vorgezogenen Parlamentswahlen 1994 drei Viertel des bisherigen proportionalen Systems ersetzte. Da konnte erstmals eine Partei mit nur 21% der Wählerstimmen siegen: Silvio Berlusconis aus dem Boden gestampftes Parteiunternehmen Forza Italia (FI). Er hatte es in ein neues Rechtsbündnis mit der Lega Nord (8,3%) und den inzwischen rehabilitierten Faschisten des MSI (13,5%) eingebettet. Das hatte 42,8% gegen 34,3% der Linkskoalition um die neue PDS und 15,8% der Volkspartei (PPI) der Ex-Christdemokraten erhalten. Die Aufteilung letzterer (früher ca. 40%) auf zwei neue Formationen (FI und PPI) ermöglichte also die Etablierung einer markanten Rechtskoalition, die nunmehr seit 30 Jahren, mit nur kurzen Unterbrechungen, die italienische Politik bestimmt. Die Reduzierung der Restkommunisten erfolgte auch durch die Einführung engerer Sperrklauseln zu einer machtlosen außerparlamentarischen Opposition. In der Folge erstarkten die Fratelli d'Italia (FdI, wie sich die Postfaschisten des MSI seit 2011 nennen) von Giorgia Meloni, die Berlusconi schon in den 1990ern in seine Regierung geholt hatte.

Melonis heutiges Regierungsprogramm enthält denn auch alle wesentlichen Punkte Berlusconis bzw. der einstigen P2-Loge, der er angehörte. Das war jener Geheimbund des rechten Establishments, der über

Jahrzehnte bis in die 1980er Jahre verdeckt agierte. In dieses autoritäre Programm gehört auch die seit langem angestrebte Umwandlung der parlamentarischen in eine präsidiale Republik mit weitreichendem demokratischen Kontrollverlust. Die weitere Stärkung der Exekutive zu Lasten der Legislative soll jene »governance der Eliten« befördern, die erstmals 1975 von der »Trilateralen Kommission« zur Begrenzung eines vermeintlichen »Exzesses an Demokratie« in den westlichen Staaten gefordert wurde. Um diesen fortschreitenden Demokratieabbau geht es auch in Zukunft.

Dem steht noch die antifaschistische Verfassung Italiens entgegen, die allen bisherigen Versuchen zu ihrer *de jure*-Beschränkung mithilfe einer Mehrheit der Staatsbürger standgehalten hat. Die Frage ist: Wie lange noch? Kann es den gespaltenen Formationen der heutigen Opposition noch gelingen, die bereits stark unterhöhlten Verfassungsprinzipien der Repräsentativität der politischen Vertretung des Wahlvolks wiederherzustellen und zu schützen? Ebenso wie die Elemente direkter Demokratie, d. h. jene Volksentscheide, die große gesellschaftliche Fortschritte in der sogenannten 1. Republik ermöglicht hatten (so die Einführung von Ehescheidung und dem Recht auf Schwangerschaftsabbruch), aber danach durch majoritäre Manipulierung der Wahlgesetze und bürokratische Behinderungen untergraben wurden.

Ein neuer Kulturkampf

Die Meloni-Regierung hat seit ihrem Amtsantritt 2022 neben den angekündigten Maßnahmen gegen Immigranten und Arme auch einen regelrechten Kulturkampf auf breiter Ebene entfacht. Der betrifft nicht nur die Besetzung politischer und staatswirtschaftlicher Führungspositionen mit ihren Anhängern (spoils system). In einem, gemessen an bisherigen Regierungswechseln, ungewöhnlichen Ausmaß sollen auch die meisten leitenden Posten im Bereich von Kulturinstitutionen, wie Museen, Bibliotheken, TV und in der Filmbranche, neu vergeben werden, um dort jene vermeintliche »Hegemonie der Linken« zu brechen, gegenüber der die politische Rechte über Jahrzehnte ein regelrechtes »Underdog«-Syndrom entwickelt hat. Von dem will sie sich jetzt endlich erlösen, vor allem in der öffentlichen Meinung, in Talkshows wie an Universitäten und Schulen, an der Peripherie, wie auf den großen Plätzen. Heute soll ein offener, leichter

Faschismus 2.0 als fließende Verbindung von Populismus und nationaler Souveränität zu neuer Hegemonie avancieren. Ein europäisches Projekt. Es geht auch um Symbole. Dazu gehören die Inhalte ideologisch geladener Begriffe wie Antifaschismus, Resistenza, 25. April. Und es gibt mehrere Ansätze, um die Sichtweise der Rechten durchzusetzen: Sieht man von der ukrainischen Gesetzesvorlage vom 9. April 2015 mit ihren vielfältigen Maßnahmen zur Säuberung vom Kommunismus (und allem Russischen) ab, dann bildet die Resolution des EU-Parlaments vom 19. September 2019 eine Hauptgrundlage zur Schaffung jenes »einheitlichen Geschichtsbewusstseins« für ganz Europa, das auch Meloni anstrebt, mit totalitärem Anstrich. Mit Rückgriff auf die erneuerte Totalitarismustheorie werden die historischen Erfahrungen von Kommunismus und Faschismus gleichgesetzt – was Luciana Castellina sofort als »Auslöschen der Erinnerung« brandmarkte. Dass damit auch die Geschichte des Zweiten Weltkriegs umgeschrieben wurde, steht im Kontext der schon Mitte der 1980er Jahre im Westen Deutschlands erfolgten Veränderung des antinazistischen Koordinatensystems im sogenannten »Historikerstreit«. Das sollte damals der Stabilisierung des neuen Selbstverständnisses der BRD dienen und ihren Geburtsfehler, nämlich die Existenz und führende Rolle der Trägerschichten des Dritten Reiches beim Aufbau des demokratischen Verfassungsstaates nach 1949 verdecken bzw. relativieren. Für Europa impliziert das die Forderung nach Auslöschung des gesamten antifaschistischen Gedenkens, z. B. in Italien an die Opfer der Kommunisten in der Resistenza, einschließlich ihrer in der Öffentlichkeit präsenten Symbole und Straßennamen. Historische Komplexität soll durch einseitige Erinnerungskultur ersetzt werden und Geschichte nicht mehr ein Studienobjekt, sondern ein urteilendes Subjekt sein, das man je nach Erfordernis einsetzen kann. So soll z. B. nicht mehr der deutsche Überfall auf Polen als Beginn des Zweiten Weltkriegs gelten, sondern der deutsch-sowjetische Nichtangriffspakt, kurz Hitler-Stalin-Pakt, der am 23. August 1939 unterzeichnet wurde, denn Hitler sei Stalin ja nur zuvorgekommen beim »Ziel der Welteroberung«. Dieses Datum soll in der EU künftig sogar als »Tag des Gedenkens an die Opfer totalitärer Regime« begangen werden – Täter und Opfer verschwimmen also miteinander – und der Vernichtungskrieg der Deutschen, der alleine 27 Millionen Sowjetbürger umbrachte, verschwindet unter anderem. Inspiriert von den Visegrád-Staaten, Polen, Ungarn, Tschechien und Slowakei, soll diese Gleichsetzung der »Stärkung der Widerstandskraft Europas gegen die aktuellen Bedrohungen von außen« dienen. Das war schon 2019 als ein Beitrag zur Kriegsvorbereitung – deutlich gegen Russland lesbar. Diese Resolution ist von den Parteien im EU-Parlament (auch den Sozialdemokraten) mit großer Mehrheit verabschiedet worden – nur die kleine Linksfraktion stimmte dagegen.

Daran anschließend kann der historische Faschismus dann problemlos geebnet werden und eingebettet in eine viel längere Nationalgeschichte Italiens. Auch dafür gibt es Parallelen anderswo. Und schließlich versäumen Melonis Fratelli nicht, den historischen Antifaschismus gleichzusetzen und zu desavouieren mit der Antifa-Bewegung der 1970er Jahre, als vereinzelt auch Neofaschisten terroristischen Anschlägen zum Opfer fielen, die ihre Nachfolger heute zu Märtyrern stilisieren.

Darüber hinaus aber legitimiert Giorgia Meloni ihren Anspruch auf Akzeptanz und einen würdigen Platz in der westlichen Werte-Demokratie vor allem durch eine prononcierte Pro-NATO-Haltung im Ukrainekrieg – und zwar direkt auf Seiten der ukrainischen »Partisanen«, was auch ihren in Italien selbst kaum manifestierten »Antifaschismus« aufwerten soll. Sie hat nämlich bisher erfolgreich alle expliziten Gelegenheiten gemieden, sich klar zu äußern: am 28. Oktober 2022, zum 100. Jahrestag von Mussolinis sogenanntem »Marsch auf Rom«, der keiner war, bis hin zum 25. April, den sie – wie schon Berlusconi – nur als »Tag der Freiheit« bezeichnet, überließ sie es jeweils ihren Partei-Untergebenen, sich dazu entsprechend zweideutig zu äußern. Das alles liegt auf der Linie, die auch von der zunehmend rechten Mainstream-Presse Italiens vertreten wird, derzufolge die einst extreme, gar faschistische Rechte heute zu einer konservativbürgerlichen Rechten mutiert und als solche inzwischen hoffähig und überall akzeptiert sei. Ausgeblendet bleibt dabei das seit den 1990er Jahren wieder auftretende Schläger-Potenzial der Faschisten, heute vor allem in Forza Nuova (FN) und Casa Pound organisiert und landesweit im Einsatz. Seit ihren Anfängen 1919 haben die Faschisten immer auf zwei Ebenen agiert: mit Schlagstöcken und im Anzug.

Locker in letzteren gekleidet, erlebt die international umtriebige Giorgia Meloni ihre Akzeptanz inzwischen nicht nur in Washington, sondern auch in Brüssel, wo sie von der Kommissionspräsidentin, Ursula von der Leyen (CDU), hofiert wird, die ihrerseits Melonis Stimme für ihre nächste Wiederwahl braucht. Meloni probt dort als Vorsitzende der Rechtsfraktion im EU-Parlament auch bereits den Schulterschluss mit dem Chef der Europäischen Volkspartei, Manfred Weber (CSU), die ja Berlusconis Forza Italia vor Jahrzehnten widerspruchslos in ihre christdemokratische Fraktion aufgenommen hatte. Mit dieser Annäherung hebt die noch vor wenigen Jahren lautstark auftretende EU-Gegnerin auf ihr aktuelles Projekt ab, die Mehrheiten im EU-Parlament bei den Wahlen im Juni 2024 so weit zu Gunsten der Rechten zu verschieben, dass diese die europäischen Strukturen von innen her nach ihren Interessen umgestalten können: in die hochgerüstete Festung eines Europa der Vaterländer, der Nationen.

Das weckt dann nicht nur wieder Assoziationen an den Kontext des Ersten Weltkriegs, sondern steht auch in direkter Antithese zur verbal immer noch hochgehaltenen, demokratischen Europa-Idee, die 1941 im »Manifesto di Ventotene: Per un Europa libera e unita« konzipiert war. Allerdings entspricht die bis heute realisierte EU jenem Entwurf von Altiero Spinelli und Ernesto Rossi keineswegs, denn darin war an ein föderales, sozialistisches und neutrales Europa gedacht. In einem zukünftigen Europa der Nationen regredierte aber nicht nur Italien, sondern die ganze EU in noch stärkere Abhängigkeit von den USA und deren militärischen Endkampf um die Weltherrschaft. Denn der späte Kapitalismus kennt für langwährende Krisen aus Überproduktion und Ressourcenvernichtung vor allem Aufrüstung und weitere Kriege als Ausweg. Die Menschheit wird aber nach einem Dritten Weltkrieg »unauffindbar« sein, davor hatte schon Bertolt Brecht mit Bezug zum historischen Ende des antiken Karthagos gewarnt.

Gunhild Berdal

Frieden in Bewegung

Der Zusammenhang zwischen Friedens- und Studierendenbewegung

Was für ein Kontrast: gestern Abend haben wir Filmfreaks Henry Kissinger im Gespräch mit Günter Gaus (»Zur Person« 2002) gesehen, heute feiern wir Deinen Geburtstag. Dass der gebildete Machtpolitiker, Karrierist und mit dem Friedensnobelpreis ausgezeichnete Kriegsverbrecher auch ein Lieblingsfeind von Dir, lieber Norman, ist, habe ich gemerkt, als wir über ein Buch dieses »Wächters des Imperiums« gesprochen haben und Du es für unnötig hieltst, es zu lesen, weil Du schon alles von ihm gelesen hattest. Auch das bildet offenkundig – Gegnerschaft zu Antikommunismus und Machtpolitik, Friedenswille und Lebensfreude heraus. Kissinger wurde über 100 Jahre alt. Wir wünschen Dir – und uns! – jetzt schon mal ein noch längeres Leben, ein erfüllteres sowieso! Ein Poem:

»Manche Kontraste sind
nicht nur Widersprüche,
gar auch unversöhnlich,
im harten Gegensatz,
der aufzuheben ist
von besserer Seite.«
(Olaf Walther)

Du bist von der Herkunft her eher bürgerlich *und* doch ziemlich nonkonform; Bürger *und* Rocker; Kunstliebhaber, Weinkenner *und* Bolzer; immer höflich *und* doch sehr kritisch.

Darf ich das verraten? – Norman nutzt beim Verfassen seiner seriösen wissenschaftlichen Arbeiten gerne ein Mousepad mit Gaddafi drauf. Ich halte das nicht nur für Punk, sondern für einen Ausdruck des tiefen Hasses auf den Imperialismus und seine Profiteure, von seinem sozialen Gerechtigkeitssinn und antikolonialen Engagement – ein Leben lang.

Kein Fleck auf der Erde, von dem Du nicht über die völker- und menschenrechtliche Lage Bescheid weißt, keine unterdrückte Bevölkerung, die sich nicht auf Deine profunde Unterstützung verlassen kann.

Du bist für uns der »Peacelord«. Edel in der Haltung, unbeugsam in der Sache, charmant und mit manchmal fast unhörbaren Spitzen Richtung Opportunismen aller Art. »In Gefahr und großer Not bringt *das Mittelmaß* den Tod«, flüsterte es staubtrocken einmal auf einer Friedenskonferenz der Partei Die Linke.

Immer freundlich, aber mit Verachtung für alle Menschenverachtung.

Denn Frieden muss sein: Weil der Mensch ein Mensch ist und weil wir nur so die Vernichtungsdrohung durch Atomkrieg und Klimakatastrophe abwenden können und eine neue Etappe der Entwicklung hin zu einer klassen- und ausbeutungslosen Gesellschaft einleiten werden. Weil das Leben und die Begegnungen auf den vielen Weltreisen diesen Sinn und Verstand haben.

Der Frieden *braucht* und der Frieden ist die *Voraussetzung* für den Neuen Menschen.

Damit sind wir beim Zusammenhang zwischen Friedens- und Studierendenbewegung. Es liegt auf der Hand: beide Bewegungen haben sich seit ihrer Existenz gegenseitig inspiriert.

Ich weiß nicht, wie weit man zurückgehen kann und muss, aber wir wissen, dass spätestens seit der griechischen Antike, wahrscheinlich schon immer, Menschen sich gewehrt haben gegen die Zerstörung von Leben, Lebensgrundlagen, den Früchten ihrer Arbeit und den Zukunftsperspektiven durch Herrscher, die für ihre eigene Bereicherung oder Macht oder Eitelkeit Kriege führten.

Zum Beispiel mit Komödien wie »Der Frieden« von Aristophanes. Darin fliegt der Weinbauer Trygaios auf einem Mistkäfer in den Olymp, um Eirene, die Friedensgöttin, zu befreien und sich am Ende mit Opora, der Fruchtgöttin bzw. der Lenzwonne, zu verlustieren und vermählen. Die

Moral der Geschichte ist: Alle haben etwas vom Frieden, im Kleinen wie im Großen, alle bis auf die Panzerschmiede und die Waffenhändler, die um ihre Geschäfte gebracht werden.

Mindestens die Dichter und Denker, die Schauspieler und die Sklaven, die den materiellen Reichtum dafür erarbeiteten, spielten damals für diese geilen Geschichten zusammen, und ihre Schüler, die von den Gelehrten lernten und selbst Impulsgeber waren, gewiss mittendrin.

Und in »Lysistrata« nahmen die Frauen das Schicksal in die Hand.

Am besten wissen wir es aus den 1960er bis 80er Jahren und heute, wie Friedens- und Studierendenbewegung zusammengehen. Schon im Kampf gegen den Atomtod ab Ende der 50er Jahre wirkten Physiker, Philosophen, politische Aktivisten und Christen und eben auch Studierende, zunehmend organisiert, für die Abschaffung der Atomwaffen und hier konkret gegen die Bewaffnung der Bundesrepublik mit dem zerstörerischen Gerät. Nach dem Zivilisationsbruch von Hiroshima und Nagasaki verschrieben sich nicht wenige dem lebenslangen Kampf für den Frieden, so wie Albert Einstein und Bertrand Russell. Das ist eine gemeinsame Quelle der Ströme, die mal zusammenkommen, mal weiter auseinanderdriften, mal stärker, mal schwächer werden. Und, um im Bild zu bleiben, die sich mit vielen anderen Flüssen vereinen müssen, um zu einer mächtigen Bewegung zu werden.

Der Studierendenbewegung ging es (hierzulande) speziell um die Lüftung der Talare von dem Muff von tausend Jahren, die Umwälzung autoritärer Strukturen, die Schaffung emanzipatorischer Lernmethoden und -inhalte, um persönliche Entfaltung und die Verbesserung der sozialen Lage, durch die Abschaffung von Studiengebühren und die Einführung des BAföG. (Der SDS hat sogar ein Studienhonorar für alle gefordert.) Und es ging darum, gegen kulturellen Konservativismus und staatliche Repression die gesellschaftlichen Verhältnisse insgesamt zum Tanzen zu bringen.

Der Vietnamkrieg, die imperialistische Skrupellosigkeit einer in Frage gestellten Weltmacht, die Lügen für den Krieg und das Leiden durch den Krieg führten zu Radikalisierung und Zusammenführung der Proteste, auch international. Rebellische Studierende kamen mit eher betulichen Ostermarschierern zusammen und stritten sich um die richtige Strategie und Taktik, um das Verhältnis zur Gewalt, um Orientierung und Reichweite. Die APO war geboren mit großem Einfluss weltweit (Ost-West-Entspannungspolitik, Beendigung des Vietnamkriegs) und innenpolitisch besonders auf Bildungs- und soziale Reformen.

Manche Akademiker gingen sogar in die Betriebe, um mit den Arbeitenden zusammen Klassenkampf zu betreiben! Die tendenzielle Aufhebung von Intelligenz und Arbeit ging nicht ohne manchen Kulturschock vonstatten. Die Klügeren begriffen und begreifen den »Friedensklassenkampf« als eine Einheit.

Die Studierendenbewegung ist auch eine antikoloniale Erhebung. In einer sommerlichen Nacht-und-Nebel-Aktion wurde nicht unweit vom Hauptgebäude der Universität Hamburg das Denkmal des deutschen Kolonialherren Wissmann gestürzt, der dort mit ergebenem Askari und erlegtem Löwen thronte (zuerst 1967 und ein zweites Mal und endgültig 1968). Ein Fanal der 68er-Bewegung damals und ein Auftrag an uns heute, diese Kämpfe enger miteinander zu verbinden.

Einige haben diese Zeit intensiv miterlebt, einige von uns sind etwas später dazugestoßen und können es u. a. bei Uwe Timm in »Heißer Sommer« nachlesen. Ich würde rückblickend für heute sagen, der Zusammenhang zwischen den Bewegungen besteht in der Einsicht: Der Kampf für den Frieden ist der Kampf ums Ganze und dafür brauchen wir eine emanzipatorische Protest- und Lernkultur. Spießertum und Leistungszwang sind nicht hilfreich.

Tucholsky hat es einmal so ausgedrückt:
»Ich möchte Student sein, um mir einmal an Hand einer Wissenschaft langsam klarzumachen, wie das so ist im menschlichen Leben. Denn was das geschlossene Weltbild anlangt, das uns in der Jugend versagt geblieben ist – ›dazu komme ich nicht‹ sagen die Leute in den großen Städten gern, und da haben sie sehr recht. Und bleiben ewig draußen, die Zaungäste. (…)

Mit welchem Resultat könnte man studieren, wenn man nicht es mehr müßte! Wenn man es will! Wenn die Lehre durch weitgeöffnete Flügeltüren einzieht, anstatt durch widerwillig eingeklemmte Türchen, wie so oft in der Jugend!«[1]

---

1 Peter Panter alias Kurt Tucholsky, Vossische Zeitung, 27.1.1929, Nr. 46.

Sind wir nicht alle Langzeitstudenten? Wissenschaft und Kunst sind wichtige Bewegerinnen und Kultiviererinnen gegen die Rohheit von Ausbeutung und Konkurrenz, Isolation und Entfremdung, was besonders in den letzten Jahren der Eindämmung deutlich geworden ist. Die Grundrechte müssen jeden Tag aktiv errungen und mit Leben gefüllt werden, auch an den Universitäten. Kritische Geister sind unverzichtbar dafür, die Wissenschaftsfreiheit positiv auszurichten – *für* eine tatsächlich nachhaltige Friedenswissenschaft (bisweilen gegen den Verfassungsschutz) und für eine Meinungs*bildung*, die den Namen verdient.

Aktuell sind Deine Kompetenz und unser Disput besonders gefragt. Gegen die emotionalisierte Kriegshetze in Medien, wissenschaftlichen Communities, Politik und Alltag sind klare, rationale Analysen des Völkerrechts und der politischen und ökonomischen Zusammenhänge hochgradig aufklärerisch. Dein kritischer Verweis darauf, dass Menschenrechte heutzutage meist nur im Munde geführt werden, um Kriegseinsätze oder Sanktionen zu legitimieren, ist zugleich der Auftrag an uns alle, die Menschenrechte wirklich durchzusetzen. Du machst, bei aller Klarheit darüber, dass USA und NATO die größte negative Verantwortung für den Ukrainekrieg tragen, auch deutlich, dass wir *nicht* für eine Seite im Krieg Partei ergreifen sollten, sondern ohne Wenn und Aber für den Frieden (als Friedenspartei eben), und dass wir gegen die westliche Heuchelei nicht selber das Völkerrecht zurechtbiegen, sondern jetzt erst recht dafür wirken, dass es von allen ernstgenommen und verwirklicht wird. Von dieser persönlichen programmatischen Geradlinigkeit brauchen wir viel mehr. Wenn wir für Regierungsbeteiligung wären, würde ich mir Dich als Außenminister wünschen.

Die Erfahrung mit dem Parlamentsroutinendreh im Bundestag und den Eitelkeiten auch so mancher Genossen haben Dich einmal zu dem Ausspruch verleitet: »Die Menschen *sind* so primitiv«. Ein Ausdruck von allgemeinem Kulturpessimismus? Kaum. Eine beißende Kritik, deren Zielscheibe man nicht sein möchte. Und dahinter die Überzeugung, dass der Mensch zu weit mehr fähig ist und ein kultiviertes, soziales und lernendes Wesen auch wirklich sein kann. Man kann es gut mit Gramscis »Pessimismus des Verstandes und Optimismus des Willens« fassen. Wozu vorangestellt gehört: »Man muss nüchterne, geduldige Menschen schaffen, die nicht verzweifeln angesichts der schlimmsten Schrecken und sich nicht an jeder Dummheit begeistern.«[2]

Lass uns weiter daran arbeiten. Wir brauchen sie, wir brauchen uns, mehr denn je!

---

2 Antonio Gramsci, Gefängnishefte, H. 28, § 11, 2232.

Sevim Dağdelen

Die NATO –
Militärpakt der Mythen und des Krieges

Die NATO ist ein Kriegsführungsbündnis, das auf Expansion zielt und Völkerrecht wie Menschenrechte mit Füßen tritt. Wer Mitglied der NATO ist, verliert seine demokratische Souveränität; denn es sind immer die USA, die ihre Interessen hier hegemonial durchsetzen. Dazu sieben Thesen.

1.
Die NATO taucht unter dem Wahrnehmungsradar hinweg
Die NATO in Deutschland ist der Elefant im Raum, über den man nicht spricht. Weder an Hochschulen noch in der Publizistik gibt es eine aufklärerische Kritik an diesem Militärpakt. Im Gegenteil, wer es wagt, die NATO zu kritisieren, wird diffamiert als Freund des Feindes oder mit Verunglimpfungskampagnen überzogen. Ergebnis dieser antiaufklärerischen Herangehensweise ist, dass es in den NATO-Staaten vergleichsweise wenig kritische Literatur über den Militärpakt gibt und Veröffentlichungen über die NATO meist nur als mehr oder weniger plumpe Apologetik zu werten sind, die allein darauf zielen, den eklatanten Widerspruch zwischen programmatischem Anspruch und der Wirklichkeit zu verdecken, um nicht zu sagen, zu übermalen. Dies führt dazu, dass es selbst bei der Linken vergleichsweise wenig Problembewusstsein über die NATO gibt und in den vergangenen Jahren lediglich von Regierungspolitikern Bekenntnisse zur NATO in Aussicht gestellt werden, um bedingungslos mitregieren zu können und sich einer Kritik der Kriegsparteien entziehen zu können. Auffällig ist zudem, dass selbst auf der Linken, die den Wirtschaftskrieg gegen Russland kritisiert und die sich der Gefahr der Lieferung von immer mehr

und immer schwereren Waffen an die Ukraine für die Sicherheit der eigenen Bevölkerung sehr wohl bewusst ist, die NATO die große Fehlstelle ist. Als gelte: Im Haus der Bestie sprich von der Bestie nicht!

In einem Flugblatt für eine Demonstration von autonomen Gruppen und kommunistischer Jugend wird dieses Dilemma grell beleuchtet. Unter dem Motto »Frieden statt Kapitalismus« wird da für eine Manifestation geworben, in der guten Verknüpfung von sozialer und Friedensfrage, aber im ganzen Aufruf taucht die NATO noch nicht einmal als Wort auf.

Es handelt sich hierbei nicht um Vergesslichkeit, sondern um ein Symptom. Die NATO, deren Mitglieder 55 Prozent aller globalen Militärausgaben tätigen, hat es geschafft, völlig unter dem Wahrnehmungsradar wegzutauchen. Und dies hängt wesentlich auch damit zusammen, dass die NATO eine mythische Gemeinschaft ist, deren Mythen von den Herrschenden immer und immer wieder nacherzählt werden, um Nebelwände über den nackten brutalen Gewaltcharakter des Militärpakts zu ziehen, der sich weder um Völkerrecht noch um Menschenrechte schert.

2.
Die NATO gilt irrigerweise noch immer als Verteidigungsbündnis
Auf Seiten der Bundesregierung wird gebetsmühlenartig erklärt, die NATO sei ein Verteidigungsbündnis, geschaffen eben zur Verteidigung des Bündnisgebiets gegen Angriffe. Und wer die NATO als Verteidigungsbündnis kritisiert, der kommt in den Ruch, die Verteidigung selbst gegen einen äußeren Feind zu kritisieren und damit gesellschaftlich völlig im Abseits zu stehen. Kontrafaktisch wird dieser Mythos in allen Mainstream-Medien wiedergekäut und dies, obwohl es jedem mittelmäßig mit Vernunft begabten Menschen auffallen müsste, dass zumindest der NATO-Krieg in Afghanistan, der 20 Jahre lang währte, das Land am Hindukusch in Schutt und Asche gelegt und hunderttausende Afghanen das Leben gekostet hat, nicht unter den Begriff der Bündnisverteidigung zu subsumieren ist. Dieser Krieg war ein »Out of area«-Einsatz, ein Einsatz außerhalb des Bündnisgebiets, zu dem sich der Militärpakt erstmals im Zuge des Angriffs auf Jugoslawien 1999 mit seiner NATO-Charta selbst ermächtigte.

Wer bereit ist, die Realität zur Kenntnis zu nehmen, wird einräumen müssen, dass der Angriffskrieg gegen Jugoslawien ohne Mandat des UN-Sicherheitsrates, der Krieg in Afghanistan unter Missbrauch von UN-Resolutionen und der Angriffskrieg gegen Libyen 2011 unter bewusster Instrumentalisierung einer Resolution des UN-Sicherheitsrates zur militärischen Durchsetzung eines Regime Change auf einen ganz anderen Charakter des Militärpakts als den der Verteidigung hinweisen. Durch ihre Bereitschaft und ihre Praxis, auch ohne Mandat des UN-Sicherheitsrates Kriege zu führen, ist die NATO eben schlicht kein Verteidigungsbündnis, sondern ein Kriegsführungsbündnis, eine Vereinigung für den Überfall anderer Staaten.

3.
Die NATO führt einen Stellvertreterkrieg, in dem die Ukraine als bloßer Truppensteller fungiert

Der Charakter als Kriegsführungsbündnis kommt auch in der aktuellen Auseinandersetzung der NATO mit Russland in der Ukraine voll zum Tragen. Es ist mittlerweile bekannt, dass die NATO nicht nur mit exorbitanten Waffenlieferungen an die Ukraine beiträgt, sondern zudem Truppen aus NATO-Staaten bereits in der Ukraine stehen, wenn auch noch gering an der Zahl. So berichtete das *Redaktionsnetzwerk Deutschland* (RND) am 13. April 2023: »Laut neuen Details aus den jüngsten US-Geheimdienstleaks sollen sich etwa 100 westliche Soldaten in der Ukraine befinden.« Großbritannien sei demnach mit 50 NATO-Spezialkräften (SOF) in der Ukraine präsent, gefolgt von 17 Soldaten aus Lettland, 15 aus Frankreich und 14 aus den USA. Die Niederlande seien mit einer Person vertreten. Wie aus dem Dokument hervorgehe, hielten sich darüber hinaus noch 29 Vertreter des Pentagons und 71 Beamte des US-Außenministeriums in der Ukraine auf. »Die Angaben deuten darauf hin, dass die Kräfte Teil eines NATO-Spezialeinheitskommandos sein könnten, das vom Hauptquartier für Spezialoperationen des Militärbündnisses koordiniert wird«, heißt es beim RND. Diese Informationen seien »brisant, weil Russland eine derartige Präsenz als Kriegsbeteiligung der NATO auslegen könnte. Die NATO-Staaten hatten in der Vergangenheit vehement verneint, dass eigene Soldaten in der Ukraine im Einsatz seien«.

Die britische Tageszeitung *The Guardian* wiederum berichtete am 26. August 2023, dass NATO-Generäle wenige Tage zuvor an einen geheimen Ort an der polnisch-ukrainischen Grenze gereist seien, um mit dem obersten Militärkommandanten der Ukraine, General Walerij Saluschnyj, einen »Kriegsrat« abzuhalten. An dem fünfstündigen Treffen nahmen dem Bericht zufolge unter anderem der Militärchef der NATO, der US-amerikanische General Christopher Cavoli, sowie Admiral Sir Tony Radakin, der ranghöchste britische Offizier, teil. Ziel war demnach, »die ukrainische Militärstrategie neu auszurichten«. Topthemen waren laut *Guardian*, »wie mit den stockenden Fortschritten der ukrainischen Gegenoffensive umzugehen ist, sowie die Schlachtpläne für den bevorstehenden zermürbenden Winter und die längerfristige Strategie, da sich der Krieg unweigerlich bis ins Jahr 2024 hinzieht«. Mychajlo Podoljak, Berater des ukrainischen Präsidenten Wolodymyr Selenskyj, bestätigte den Wahrheitsgehalt des Berichts.

Es ist offensichtlich: Die NATO führt einen Stellvertreterkrieg gegen Russland in der Ukraine. Nach allem, was wir aus den Unterrichtungen im Auswärtigen Ausschuss zu dieser Frage wissen, kann man sagen, dass alles darauf hindeutet, dass dieser Krieg, was Kommando, Waffen und Munition angeht, inzwischen von der NATO und nicht mehr von der Ukraine geführt wird. Die Ukraine fungiert dabei, abgesehen von den so genannten Freiwilligen der Internationalen Legion, lediglich als Truppensteller im Rahmen einer De-facto-NATO-Mitgliedschaft, die mit Weltkriegsrisiko, wenn es nach dem Generalsekretär Stoltenberg geht, in eine De-jure-Mitgliedschaft überführt werden soll. Dabei ist es ein offenes Geheimnis, dass die NATO als Mittel dienen soll, die US-Kriege zu führen. Und wie bei der Frage der Panzerlieferungen sind die USA nicht nur diejenigen, die bestimmen (Stichwort: Ramstein-Format), sondern die ihre Verbündeten auch ins Feuer schicken wollen, um sie in eine Eskalationsstrategie einbinden zu können.

4.
Die NATO mit ihrer US-Hegemonie ist ein eklatantes Dementi demokratischer Souveränität

In diesem Sinne ist die Fiktion der NATO als Bündnis gleichberechtigter Staaten konstitutiv für den Mythos einer Gemeinschaft der Demokratien.

Dem widerspricht indes, dass in der Militärstruktur der NATO die Hegemonie der USA selbst abgesichert ist. In der NATO gibt es nur ein Kommando und das liegt in Washington. Die NATO ist, global gesehen, das eklatanteste Dementi demokratischer Souveränität. Jede noch so geringe Regung des »alten Europa«, um mit dem früheren US-Pentagon-Chef Donald Rumsfeld zu sprechen, wird – durch das enge Bündnis mit Großbritannien verstärkt – durch das »neue Europa« im Keim erstickt. Wie Vasallenstaaten haben sich – auch aufgrund der transatlantischen Eliten – die Staaten, die am westlichen Rand des Kap Asiens liegen, wie Jacques Derrida in Nachfolge anderer Europa einmal genannt hat, selbst aufgegeben. Auch die NATO trägt dazu bei, dass sie zu einer eigenständigen Außenpolitik nicht mehr im Stande sind. Der Nordatlantikpakt ist die Institution, um dieses Kap Asiens unter die Interessen von US-Konzernen und die geopolitischen Interessen der USA zu subsumieren. Die Monroe-Doktrin, die den USA den bestimmenden Einfluss auf dem amerikanischen Doppelkontinent sichern sollte, scheint nun mehr nur noch in einem Teil Europas gelten zu wollen. Wie einst die United Fruit Company die Regierungen der Staaten bestimmte, in denen sie Plantagen hatte, so ist es heute die politische Vertretung einer Kompradoren-Bourgeoisie in Europa, die gegen die Interessen der Bevölkerungen in Europa agiert, wie beispielsweise gut am Wirtschaftskrieg gegen Russland und seinen Folgen hier in Deutschland abzulesen ist. Man muss dazu allein den Umgang mit der Zerstörung der Nord-Stream-Pipelines am 26. September 2022 betrachten. Wer wie die Bundesregierung gerade einmal eine Handvoll Ermittler mit den Untersuchungen des größten Terrorakts gegen die Energieinfrastruktur in Europa betraut, der hat offensichtlich kein Interesse an tatsächlicher Aufklärung etwa bezüglich der mutmaßlichen Täterschaft der USA.

Wir müssen anerkennen, dass eine eigenständige Außenpolitik ohne einen Austritt aus der NATO und ohne einen Abzug der US-Truppen und -Geheimdienste nicht möglich sein wird. Ein bloßer Austritt aus den militärischen Strukturen und die Forderung nach einer Auflösung der NATO springt hier zu kurz, auch weil sie für alle besonders spitzfindig sich dünkenden Menschen die Möglichkeit schafft, hinterrücks zu erklären, diese Forderungen seien sowieso nicht ernst gemeint.

5.
Die NATO ist ein expansiver Militärpakt
Das deutlichste Dementi der NATO als Verteidigungsgemeinschaft ist nicht die Führung der Kriege, sondern ihr expansiver Charakter. Die NATO hat es geschafft, seit ihrer Gründung ihr Bündnisgebiet Stück für Stück zu erweitern, insbesondere nach dem Zusammenbruch der Sowjetunion. Unter Bruch aller Versprechen wurde die Osterweiterung bis an die Grenzen Russlands vorangetrieben. Man ist drauf und dran, den Balkan als exklusives NATO-Gebiet zu deklarieren und hat die Ukraine als De-facto-Mitglied nach dem vom Westen unterstützten Putsch 2014 inkorporiert.

Wer behauptet, die NATO hätte nichts mit der Vorgeschichte des Krieges in der Ukraine zu tun, wird zum bloßen Nacherzähler der Brüsseler Mythen. Die Expansionsstrategie der NATO gen Osten war von hohem Risiko getragen – und zeitigt aus Sicht der USA und des Militärpakts jetzt das wohl gefährlichste Ergebnis: Die Wendung Russlands hin nach Asien, die Begründung einer eigenen internationalen Allianz der BRICS-Staaten und letztlich die offene Infragestellung der US-Hegemonie. Die asiatische Wende Russlands ist ohne die NATO-Expansion nach Osten nicht zu erklären. Diese Wende bedeutet wahrscheinlich insbesondere für das westliche Europa das Einläuten einer Phase des fundamentalen wirtschaftlichen Niedergangs, da die sicheren und preiswerten Energielieferungen aus Russland in keiner Weise kompensiert werden können.

6.
**Die NATO ist keine Gemeinschaft
der Demokratien und Rechtsstaatlichkeit**
Immer wieder wird der Charakter der NATO als Gemeinschaft der Demokratien und der Rechtsstaatlichkeit betont. Wenn es überhaupt eine Gemeinsamkeit der Mitgliedstaaten gibt, so ist die Verteidigung der zutiefst ungerechten globalen kapitalistischen Weltwirtschaftsordnung durch die NATO hervorzuheben. Diese ist verbunden mit einer gnadenlosen Ausplünderung der Staaten des Globalen Südens und einem erbitterten Neokolonialismus, wie es in Afrika durch die Politik der ehemaligen Kolonialmächte beobachtet werden kann. Zehn Jahre lang war die Bundeswehr am Krieg in Mali beteiligt, die deutschen Steuerzahler hat der Einsatz bisher

3,5 Milliarden Euro gekostet. Heute sind die Islamisten in dem westafrikanischen Land stärker denn je, während sowohl französische als auch deutsche Soldaten bei der Bevölkerung mittlerweile regelrecht verhasst sind. Nach dem Scheitern dieses Militäreinsatzes sollte Niger neuer Vorposten sein. Der Zufall will es, dass 30 Prozent des Urans für Frankreichs Atomkraftwerke aus dem ärmsten Land der Welt kommen, ein Großteil der Menschen in Niger (ca. 80 Prozent) hat keinen Strom. Bundesverteidigungsminister Boris Pistorius schwärmte vom Militärstützpunkt in Niamey als »Drehscheibe für alle Aktivitäten von uns und anderen europäischen Nationen hier in Afrika«. Der Militärputsch im August 2023 hat den deutschen Traum vom steten Platz an der Sonne platzen lassen.

Wenn es doch einmal Kritik gibt an der angeblich demokratisch verfassten Gemeinschaft der NATO, dann kapriziert sie sich oft allein auf die Türkei unter dem Präsidenten Recep Tayyip Erdoğan. So richtig dies angesichts der Verfolgung der Opposition in der Türkei, des Krieges gegen die Kurden und der Völkerrechtsbrüche Ankaras ist, so falsch ist diese Begrenzung historisch wie geografisch. Historisch hatte die NATO nie ein Problem, nicht nur mit Diktaturen wie dem Franco-Regime in Spanien zu paktieren, sondern auch nicht mit solchen als Mitglied. Erinnert sei hier an Portugal unter dem Diktator Salazar und das Obristen-Regime in Griechenland. Mit der »Strategie der Spannung« wurden wie im Fall Italiens sogar Regierungen in der NATO mit terroristischen Mitteln geschützt, um zu verhindern, dass kommunistische Parteien eine Mehrheit erringen können.

Hinter der Türkei Erdoğans verschwinden schließlich die USA, die nicht nur völkerrechtswidrige Angriffskriege führen, sondern mit dem weiter bestehenden Gefangenenlager Guantánamo, anhaltenden Drohnenmorden und der skandalösen Verfolgung des Journalisten Julian Assange Rechtsstaatlichkeit und Demokratie jeden Tag mit Füßen treten – um nur drei Beispiele von vielen zu nennen.

Die Fiktion, die NATO sei eine Gemeinschaft der Demokratien und der Rechtsstaatlichkeit dient allein dazu, andere Länder überfallen und die eigenen sinistren geopolitischen Interessen bemänteln zu können. Als Beispiel mag hier auch der Umgang mit der Abstimmung im UN-Menschenrechtsrat vom 3. April 2023 dienen: Mit überwältigender Mehrheit von 33 zu 13 Stimmen wurden die einseitigen Sanktionen des Westens gegen

Russland als Völkerrechtsbruch eingestuft. Das Dokument A/HRC/52/L.18 »fordert die Abschaffung solcher Maßnahmen, da sie gegen die Charta der Vereinten Nationen und die Normen und Grundsätze für friedliche Beziehungen zwischen den Staaten verstoßen«. In der Resolution heißt es, dass der Rat »die fortgesetzte einseitige Anwendung und Durchsetzung solcher Maßnahmen durch bestimmte Mächte als Druckmittel, einschließlich politischen und wirtschaftlichen Drucks, gegen jegliches Land, insbesondere gegen die am wenigsten entwickelten Länder und sich entwickelnde Länder, mit dem Ziel, diese Länder an der Ausübung ihres Rechts zu hindern, aus freiem Willen über ihr eigenes politisches, wirtschaftliches und soziales System zu entscheiden, nachdrücklich verurteilt«. Sanktionen führten zu »schwerwiegenden Verletzungen der Menschenrechte der betroffenen Bevölkerungsgruppen«, mit »besonderen Konsequenzen für Frauen, Kinder, sowie Jugendliche, ältere Menschen und Menschen mit Behinderungen«. Gegen diese Resolution stimmten allein NATO-Staaten sowie die NATO-Anwärter Georgien und Ukraine. Der gesamte Globale Süden aber verdammte die Sanktionspraxis als Völkerrechtsbruch, darunter Algerien, Argentinien, Bangladesch, Bolivien, Chile, Kamerun, China, Costa Rica, Honduras, Indien, Malawi, Senegal und Südafrika.

7.
Eine Linke, die ihren Frieden mit der NATO macht, gibt sich selbst auf
Wie sollten wir uns als Linke zur NATO verhalten? Eine Linke, die ihren Frieden mit der NATO macht, gibt sich selbst auf. Gleichwohl müssen wir uns auch fragen, ob unsere Forderungen und unsere Kritik an der NATO angesichts des drohenden Dritten Weltkrieges durch die Eskalationspolitik der USA noch zeitgemäß sind. Ohne die Forderung nach einem Austritt Deutschlands aus der NATO wie auch nach dem völligen Abzug der US-Truppen und der US-Atomwaffen wird es nicht gehen. Dem sozialen Krieg gegen die eigene Bevölkerung, der mit den Folgen des Wirtschaftskrieges und schrankenloser NATO-Aufrüstung verbunden ist, muss etwas entgegengesetzt werden. Den Widerstand dagegen zu organisieren, ist die Forderung dieser Zeit.

Daniela Dahn
Im Krieg verlieren auch die Sieger

Der gegenwärtige Krieg ist eine einzige Katastrophe – für die ganze Welt, aber vor allem für die Ukraine. Wer immer darüber nachdenkt, fragt sich, wie dem geschundenen Land und seinen Menschen am wirksamsten zu helfen ist. Von Anfang an standen sich zwei diametrale Sichtweisen gegenüber – ein Kriegsende als »Siegfrieden« nach opferreichen Kämpfen auf dem Schlachtfeld oder mit Blick auf die allseitigen Fehler in der Vorgeschichte sieglos, mit beidseitigen Kompromissen am Verhandlungstisch. Die gängige Polemik auf den Punkt gebracht, steht hierzulande und in Europa ein »naiver Pazifismus« einem »skrupellosen Bellizismus« gegenüber.

Ich bekenne mich zu einem pragmatischen Pazifismus, wie ihn der Philosoph Olaf Müller formuliert hat: Generelle Ablehnung von Waffengewalt mit der einzigen Ausnahme, dass Gewaltlosigkeit einen größeren Schaden anrichten würde als Gewalt. Das wäre zweifellos der Fall gewesen, wenn die Alliierten die NS-Barbarei nicht besiegt hätten. Diese Ausnahme machten einst auch Albert Einstein, der sich als »militanten Pazifisten« bezeichnete, oder der britische Philosoph Bertrand Russell, von dem das Bonmot überliefert ist: »Man meint, die meisten Menschen würden eher sterben als denken. Dies ist auch tatsächlich der Fall.«

Die A-Bombe hat die Welt verändert, aber nicht das Denken der meisten Menschen. Orwell gilt wieder als Visionär: Nur der Krieg kann wahren Frieden bringen.

Nein, niemand, wirklich niemand kann die Garantie geben, dass weitere Waffenlieferungen nicht mehr Menschenleben kosten, als sie zu schützen vorgeben. Dafür sind Kriege viel zu unberechenbar. Die Zerstörung der Ukraine im Namen ihrer Rettung. Dieser Wahnsinn muss vermieden werden. Pazifismus will Menschen aus Fleisch und Blut retten, nicht Staaten, Ideologien und geopolitische Hegemonie.

Auch ein legaler Verteidigungskrieg kann maßlos und unverhältnismäßig werden, wenn seine Folgen aus dem Ruder laufen, wenn etwa die Verteidigung die gesamte Menschheit in den Abgrund reißt. Ein Sieg ist keiner, wenn er mit einem zu hohen Preis an Opfern erkauft wird. Was legal und legitim ist, muss noch nicht sinnvoll sein.

Inzwischen geht es in der Öffentlichkeit und in der Praxis fast nur noch um schwere Waffenlieferungen, – wer liefert schwere Friedenskonzepte? Ohne eine politische Idee, mit welchen Kompromissen der Krieg zu beenden ist, sind Waffenlieferungen reiner Militarismus. Wer wirklich bemüht ist, zwischen Gegnern zu vermitteln und Verhandlungen zu ermöglichen, sollte die Schuld nicht einzig auf einer Seite abladen. Gerade auch in diesem Konflikt ist sie verteilt.

Wir haben über 30 Jahre eine unipolare Welt erlebt, in der einen Platz zu finden, Präsident Putin immer wieder vergeblich versucht hat. Wir erinnern uns an seine um Partnerschaft flehende Rede im Bundestag 2001 oder schon warnender auf der Münchner Sicherheitskonferenz. Lange Zeit galt im Westen die Faustregel, Russland sei zu schwach, irgendetwas zu fordern. Die USA gaben den Ton an, nicht nur in der NATO, sondern in der ganzen Welt.

Die berühmte Brzezinski-Doktrin aus seinem 1997 erschienenen Buch »The Grand Chessboard« kennen wir alle: Wenn die USA die einzige wirkliche Weltmacht bleiben will, um eine neue Weltordnung durchzusetzen, muss sie sich die Vorherrschaft auf dem großen Schachbrett Eurasien sichern, und dafür muss die Ukraine in ihrem Einflussgebiet sein. Dafür war es nötig, die Ukraine nach dem gewaltsamen Sturz des demokratisch gewählten Präsidenten 2014 zu nötigen, sich für Europa oder Russland zu entscheiden. Die natürliche Brückenfunktion wurde diesem kulturell geteilten Land nicht zugebilligt. Das EU-Assoziierungsabkommen hat aber weder den Lebensstandard der Ukraine gesteigert noch die Demokratie nennenswert befördert. Die Westanbindung der Ukraine, diesem mit Moldawien ärmsten Land Europas, wurde zur neokolonialen Landnahme, westliche Konzerne haben die ukrainische Landwirtschaft zu großen Teilen übernommen. In der Moderne muss man in begehrte Regionen nicht mehr einmarschieren, man kauft sie einfach auf.

Das Forschungsinstitut des US-Kongresses hat unlängst eine Studie veröffentlicht, aus der hervorgeht, dass das Pentagon seit 1991 weltweit 251 »militärische Aktionen« unternommen hat. Darunter als »Humanitäre Intervention« oder »Krieg gegen den Terror« ausgegebene Angriffskriege, in denen ungesühnt Kriegsverbrechen begangen wurden wie 2003 im Irak, und in deren Folge *failed states* bis heute in Chaos und Armut versinken. Unter dem Deckmantel Verantwortung tarnte die unipolare Ordnung ihre Strategie, die Welt durch neoliberale Schocks und militärische Auslandseinsätze nach ihrem Bilde zu formen. Anfangs akzeptierte die SPD nur Blauhelmeinsätze, während die Grünen selbst diese strikt ablehnten. Doch ausgerechnet unter Rot-Grün beteiligte sich die Bundesrepublik bald an dem ersten NATO-Krieg. Ein verlogener Angriffskrieg, in dem europäische Grenzen verschoben und Souveränität verletzt wurde. Dieser unnötige »Luftkrieg« gegen Russlands Verbündeten Serbien leitete den Niedergang der internationalen Rechtsordnung ein und damit den Machtverfall der UNO zugunsten der NATO.

Ja, Autokraten wie Wladimir Putin setzen jetzt mühsam errungene internationale Regeln außer Kraft. Aber zuvor haben vermeintliche Demokraten diese Regeln außer Kraft gesetzt.

Die unipolare Welt war auch eine ziemlich autokratische Angelegenheit. Sie hat Hunderttausende Menschenleben gekostet. Ihre Zeit scheint vorbei. Auch das hat Brzezinski in seiner Neuauflage 2016 vorhergesagt: Künftig sollten China, ein europäisiertes Russland und die USA für eine gemeinsame Ordnungsvision zusammenarbeiten. Ein europäisiertes Russland? Europa hat viel dafür getan, das zu verhindern.

Der Krieg hätte verhindert bzw. verkürzt werden können, wenn der Westen den neutralen Status der Ukraine akzeptiert und den Abschluss der Istanbul-Verhandlungen zugelassen hätte. Wer derart herausfordert, muss (oder will?) mit dem Versagen der Politik auf der anderen Seite rechnen.

Dies ist eben kein »unprovozierter Krieg«, sondern er ist unbestreitbar heraufbeschworen worden. Keine noch so gravierenden Provokationen rechtfertigen allerdings einen verbrecherischen Überfall. Selbst der gewaltsame Putsch durch rechtsradikale Kräfte auf dem Maidan und die sich danach ausbreitenden nazistischen Kräfte in der Ukraine haben Russland nach dem Völkerrecht nicht legitimiert, diese Missstände durch einen

Krieg zu beenden. Der Nationalismus ist gerade durch ihn ins Unermessliche gestiegen. Doch das Völkerrecht war zu diesem Zeitpunkt längst kein Referenzrahmen mehr.

Aber es muss andererseits erlaubt sein anzunehmen, dass es diesen Krieg ohne seine Vorgeschichte nicht gegeben hätte. Drei Wochen vor dem russischen Einmarsch interviewte selbst *Die Welt* noch den US-Politologen John Mearsheimer, eine der Stimmen, die jetzt hier nicht mehr zu hören sind. Er verwies auf die US-Monroe-Doktrin, wonach keine andere Großmacht in der Nähe eines westlichen Landes Truppen stationieren dürfe. Wer neben einer Großmacht wohne, könne nicht einfach alles tun, was ihm außenpolitisch in den Sinn käme. Er müsse zu seiner eigenen Sicherheit berücksichtigen, welche Bedenken der Nachbar hat. Bis 2014 habe niemand Russland als Aggressor angesehen. Seit »der närrischen Entscheidung der USA und ihrer Verbündeten, die Ukraine in die Nato bringen zu wollen«, seien die russischen Aktivitäten *Reaktionen*.

Fünf Tage vor dem russischen Angriff verlangte Präsident Selenskyj auf der Münchner Sicherheitskonferenz einen klaren Zeitrahmen für den NATO-Beitritt und drohte, die Ukraine könne sich wieder eigene Atomwaffen anschaffen. Auch verschiedene Regierungen der Ukraine waren seit den Maidan-Kämpfen an den Zuspitzungen beteiligt.

Es war falsch, den Krieg über Jahrzehnte zu provozieren, es war falsch, daraufhin tatsächlich einen großen Krieg zu beginnen, und es war falsch, die schon nach einem Monat erfolgversprechend gelaufenen Friedensverhandlungen zwischen Russland und der Ukraine zu unterbinden. Der wohl als Blitzkrieg geplante Überfall hätte, wie man nicht erst nach den Aussagen des damals vermittelnden israelischen Premiers Naftali Bennett ahnt, womöglich nach vier Wochen beendet sein können. Präsident Selenskyj sagte im März auf dem US-Sender ABC: »Wir werden auf Verhandlungen bestehen, bis wir einen Weg finden, unseren Menschen zu sagen: So kommen wir zum Frieden.« Und auch der Verhandlungsleiter der russischen Delegation Medinskij erklärte im DLF, die Ukraine sei »im Kern mit den prinzipiellen Forderungen Russlands einverstanden«.

Während der laufenden Gespräche zu einem Waffenstillstand bekundete die NATO bereits am 23. März 2022 auf einem Sondergipfel in Brüssel, dass sie nicht an Verhandlungen glaubt und daher ihre Rüstung verdoppeln will. Russland solle »mit nie dagewesenen Kosten« belegt werden. Angekündigt wurde eine dauerhafte NATO-Präsenz von der Ostsee bis zum Schwarzen Meer, ein Verstoß gegen die NATO-Russland-Grundakte.

Anfang April bestimmten die Gräuel von Butscha die Öffentlichkeit. Aber zuvor waren die Weichen in Richtung Eskalation schon gestellt. Wie weit diese gediehen ist, sagt uns jetzt EU-Kommissar Thierry Breton: »Wenn es um die Verteidigung geht, muss unsere Industrie jetzt in den Modus der Kriegswirtschaft wechseln.« Wessen Verteidigung? Wir fragen schon nicht mehr. Neben dem heißen Krieg toben ein Wirtschaftskrieg und ein Krieg der Narrative.

In seiner Grußbotschaft an die Berliner Großdemonstration zum »Manifest für den Frieden« am 25. Februar 2023 hat der prominente US-Ökonom Jeffrey Sachs geschrieben:

»Die gesamte Erzählung, dass dies der erste Jahrestag des Krieges ist, ist bereits eine falsche Erzählung. Dies ist ein Krieg, der mit der NATO-Erweiterung, der Beteiligung der USA an einem Staatsstreich und der massiven Aufrüstung der Ukraine begonnen hat. Und dann mit der schrecklichen Invasion Russlands eskalierte. Dies ist ein Krieg, der beendet werden muss, bevor er uns alle in ein nukleares Inferno verwickelt. Wir müssen die Wahrheit sagen. Beide Seiten haben gelogen und betrogen und Gewalt ausgeübt. Beide Seiten müssen sich zurückziehen. Die NATO muss den Versuch der Erweiterung um die Ukraine und Georgien stoppen. Wir müssen auf die Roten Linien beider Seiten hören, damit die Welt überleben kann.«

Inzwischen ist die Infrastruktur der Ukraine weitgehend zerstört, liegt die Wirtschaft am Boden, ist mehr als ein Drittel der früher »Werktätige« Genannten arbeitslos, ist das Land praktisch zahlungsunfähig. Hatte die große Ukraine schon vor dem Krieg nach dem kleinen Moldawien pro Kopf das niedrigste Bruttosozialprodukt in Europa, so ist ihre derzeitige Leistungsfähigkeit kein Garant für eine souveräne Existenz mehr. Sie wird auf Jahrzehnte hinaus von der Weltbank oder einem der geopolitischen Blöcke abhängig sein wie ein Protektorat.

Erfolgten die westlichen Waffenlieferungen anfangs als kostenlose Militärhilfe, so vertieft die Ukraine ihre Abhängigkeit nach dem Lend-Lease Act von 2022. Aber auch Europa vertieft damit freiwillig seine Abhängigkeit.

Ein Beispiel, wie Meinungsbildung erschwert wird, war die ZDF-Meldung vom 3. Februar 2023: Die Behauptung, Kiew müsse für die Waffen bezahlen, sei russische Propaganda. Denn Biden habe das Gesetz noch gar nicht angewendet. Wie auch, wenn die Ukraine nicht nur zahlungsunfähig ist, sondern nach Angaben des IWF auf monatliche Finanzhilfe von etwa 3,5 Milliarden Euro angewiesen ist?

Das Modell, Waffen zu verleihen und zu vermieten, hatten die USA im Zweiten Weltkrieg u. a. gegenüber Großbritannien angewandt: Da die meisten geliehenen Waffen zerstört waren, also nicht zurückgegeben werden konnten, zahlte Großbritannien sie bis 2006 den USA in Raten ab. »Es könnte sein, dass die Ukraine eine überschaubare finanzielle Kompensation zahlen müsste – über einen sehr langen und großzügigen Zeitraum«, räumt der Experte für transatlantische Beziehungen Garret Martin auf der ZDF-Seite dann doch ein.

Der *Focus* vermutete wenig später (16.2.2023): »Für die Rückzahlung kann es passieren, dass EU-Gelder verwendet werden.« Sehr viel deutlicher die Schweizer *Weltwoche* (7.10.2022) unter Berufung auf die *Financial Times*: »Die US-Regierung fordert von der EU raschere Zahlungen an Kiew, damit die Ukraine die US-Waffen bezahlen kann.« Die EU solle einen Dauerauftrag einrichten, der monatlich Geld in das ukrainische Budget fließen lässt. Im ersten Leserkommentar dazu von K. Schnyder wird ausgesprochen, was hierzulande nicht mal als Kreml-Narrativ durchgehen würde: »Langsam sollten es alle begreifen. Es ist ein Wirtschaftskrieg der USA gegen Europa. Europa bezahlt die amerikanischen Waffen. Es zahlt übertuertes Gas aus den USA und verzichtet auf das günstige russische Gas. Es erlässt Sanktionen, die Europa am stärksten treffen und schlittert in eine große Rezession. Europa geht das Risiko eines Atomkrieges ein. Wie dumm kann europäische Politik eigentlich noch sein?«

Das Institut für Weltwirtschaft in Kiel bestätigte am 7. September 2023: Das Gesamtengagement der EU für die Ukraine ist jetzt mehr als doppelt so hoch wie das der USA, nämlich 156 Milliarden Euro gegenüber knapp 70 Milliarden der USA. Die EU liefert vergleichsweise wenig Waffen, aber mehr als dreimal so viel Geld wie die USA. Und Deutschland, genauer der deutsche Steuerzahler, finanziert nach den USA mit Abstand die meisten Waffen.

Der Wirtschaftsverlag Fuchsbriefe aus der Verlagsgruppe Springer Nature formuliert es am 12. Januar 2023 schonungslos: »Europa lässt sich im Ukrainekrieg brutal an die Wand drängen und finanziell ausbeuten. Die Amerikaner verfolgen sehr klare eigene politische und wirtschaftliche Interessen, während Europa ein gut handhabbares Werkzeug für die Amerikaner ist.«

Ist das unsere »wertegeleitete Außenpolitik«? Betrachtet sie das Völker- und Menschenrecht als Verpflichtung zu einer eigenen Friedensordnung unter Einbeziehung Russlands? Als europäische Emanzipation, die sich durch eine Kooperation von Nationen ohne Nationalismus auszeichnet? Die ihr kulturelles Erbe der Aufklärung hochhält. Und sich auf eigene wirtschaftliche Interessen besinnt. Auf eine europäische Souveränität? Die beflissene Subordination unter einen »Oberbestimmer« gilt derzeit als feministische Politik. Der einzige Wert scheint die Einordnung in ein Gut-Böse-Schema und der unbedingte Wille, Bestandteil der Hegemonie des Guten sein zu wollen.

Denn die sich mit dem Aufstreben der BRICS-Staaten anbahnende Multipolarität wendet sich gegen eine »regelbasierte Ordnung«, deren Grundregel westliche Dominanz festschreibt. So wie im Arbeitspapier 5/2015 der Bundesakademie für Sicherheitspolitik, das Multipolarität als instabil und vorübergehend ablehnt. »Für die Sicherheitspolitik ist ein ganz anderer Faktor entscheidend: Hegemonie«, heißt es dort. Uneingestanden liegt hier der explosivste Konfliktstoff in diesem Stellvertreterkrieg.

Deshalb wäre deutsche Verantwortung, sich endlich für Deeskalation durch konstruktive Verhandlungsvorschläge zu engagieren. Die Forderung, die russische Armee möge sich nach der offensichtlich ihre Ziele nicht erreichenden ukrainischen Großoffensive von selbst bedingungslos aus allen besetzten Gebieten zurückziehen, verkennt die (von mir abgelehnte, aber nun mal existierende) Eigendynamik von Kriegen und ist als Friedensangebot nicht ernst zu nehmen. Zumal die NATO nicht davon ablässt, der Ukraine zu versprechen, dass sie nach dem Krieg Mitglied werden wird. Ein starker Anreiz für Moskau, ein solches Kriegsende nicht anzustreben.

Im Moment gibt es in diesem schrecklichen Krieg eine Art aussichtslose Pattsituation, in der offenbar beide Seiten auf Sieg setzen, ohne zu wissen, wie und was es bedeutet. Als hätte diese Welt nicht so schon genug Sorgen, spielt sich vor unseren Augen eine Tragödie antiken Ausmaßes ab. In jahrhundertealten Denkmustern suchen die Gegner die Lösung nur noch in militärischen Großoffensiven. Der Unterschied zu früher ist allerdings, dass hinter diesem Stellvertreterkrieg die beiden größten Atommächte stehen. Wird die unterlegene Seite ihre globale Autorität durch ihre nukleare Potenz retten wollen? Der Irrationalität scheinen keine Grenzen mehr gesetzt zu sein.

Gibt es einen Erklärungsansatz für diese babylonische Sprach- und Denkverwirrung? Spekulationen, wer da herniedergefahren sein könnte, helfen nicht weiter – bleiben wir bei den Fakten: Ben Freeman, der am US-Institute for Responsible Statecraft forscht, wies am 14. Juni 2023 darauf hin, dass Amerikas führende außenpolitische Think Tanks, die die Medienlandschaft dominieren, zu fast 80 Prozent von der Rüstungsindustrie finanziert werden. Das wird von diesen auch oft bestätigt. So räumte das *Center for a New American Security* ein, dass sie jährlich mehr als zwei Millionen Dollar aus dem Verteidigungssektor erhalten. Auch der *German Marshall Fund of the United States* erhält Gelder vom Pentagon.

Ohne eine direkte Kausalität zu unterstellen, kommt die Forschung zu dem Schluss, dass durch Mechanismen der Geberzensur, der Selbstzensur und der »Perspektivfilterung« Think Tanks, deren Arbeitgeber direkt vom Krieg profitieren, sich eher für militärische Lösungen einsetzen. Gleichzeitig warnen sie vor Kompromissen mit dem Kreml und lehnen oft diplomatische Lösungen ab. Alle analysierten Medien hatten es übrigens versäumt, auf die möglichen Interessenkonflikte ihrer Informanten hinzuweisen. Kaum Erwähnung fand auch der Fakt, dass die Hälfte des Pentagon-Budgets an private Konzerne des militärisch-industriellen Komplexes geht und zudem Millionen von Dollar an Akteure im US-Kongress. Eine Art von staatlicher Vereinnahmung, die die permanente Erhöhung des Verteidigungshaushaltes absichert.

An dieser Stelle wäre es wünschenswert, eine vergleichbare Studie über vom Kreml veranlasste Finanzflüsse zu haben. Denn es gibt keinen Grund zu der Annahme, dass es dort viel anders läuft, auch wenn die Rüstungsausgaben deutlich geringer sind. Anders wird die viel geringere Transparenz sein. Wir sind auf Vermutungen angewiesen. Solange in Europa und besonders in Deutschland, alle russischen Informationsquellen im Netz blockiert werden, mit deren Hilfe man zumindest versuchen könnte, sich ein eigenes Bild zu machen, sind mir komparative Ansätze schlicht nicht möglich. Allerdings bin ich sowieso der Ansicht, dass sich meine Verantwortung als *citoyenne* auf die Betrachtung der westlichen Seite, also auf unsere, meine Seite, konzentrieren sollte. Auf die andere hat unsereins noch weniger Einfluss.

Wer Vorkriegsanalysen über die Ukraine kennt, gerade aus den USA, für den lässt sich das von den Medien gezeichnete Bild einer aufstrebenden Demokratie nach westlichem Vorbild kaum aufrechterhalten. Es gebe große Verwerfungen im Sozialen, Millionen Wirtschaftsflüchtlinge hätten das Land lange vor dem Krieg verlassen und arbeiteten zu Niedrigstlöhnen in Westeuropa. Der IWF prangerte Präsident Selenskyj als Führer einer korrupten Regierung an. Letztlich bestimmten sechs Milliardäre die Wirtschaft und damit die Politik. (Als der ukrainische Generalstaatsanwalt 2015 dagegen Untersuchungen einleiten wollte, hat der damalige US-Vizepräsident Biden handstreichartig erreicht, dass er entlassen wird. Unlängst ist dieser Staatsanwalt aus der Versenkung verschwunden und hat angedeutet, dass er erwägt, den nunmehrigen US-Präsidenten für diesen Machtmissbrauch anklagen zu wollen.)

Die Meinungsfreiheit hat es seit 2014 zunehmend schwerer, die Kommunistische Partei und regierungskritische Medien und Organisationen sind pauschal als »prorussisch« ausgegrenzt und verboten worden. Wer den Bandera-Kult kritisiert, wird verfolgt. Ebenso, wer meint, die Krim gehöre zu Russland. Freie Diskussionen seien nicht selbstverständlich in der Ukraine. Bis zum Krieg war im Parlament immerhin die zweitgrößte Partei die »Oppositionsplattform für das Leben«. Dass sie wegen ihrer Nähe zu Russland nun auch verboten wurde, mag man verstehen. Hat aber dieses Verbot vielleicht den Weg dafür frei gemacht, dass das Parlament ausgerechnet jetzt das Gesetz zu einer »Arbeitsmarktreform« verabschiedet, das schon ein Jahr vor dem Krieg von der Regierungspartei eingebracht wurde? Es zerstört alle Arbeitnehmerrechte, besonders in Unternehmen mit weniger als 250 Mitarbeitern. In diesem »Feldzug gegen sowjetische Überbleibsel« werden die Gewerkschaften entmachtet und enteignet, Tarifverträge ignoriert, die Arbeitszeit nach Belieben verlängert, Streiks und Demonstrationen verboten. Die Beschäftigten sollen ihre Beziehungen zu den Unternehmern selber regeln, wie üblich, wenn ein Staat »frei, europäisch und marktorientiert« ist.

Vorbild soll die Deregulierungswelle nach dem Putsch 1973 in Chile sein. Wie es der Publizist Reinhard Lauterbach (junge Welt, 30.8.2022) formuliert: »Dass Augusto Pinochet ihr persönliches Vorbild darstellt, sprechen Politiker der ukrainischen Regierungspartei *Diener des Volkes* immer wieder offen aus.« Der europäische Gewerkschaftsdachverband kritisierte in einem Schreiben an die Brüsseler Kommission scharf, dass die ukrainische Regierung mit dieser Reform gegen europäische und internationale Regeln verstößt und die Beschäftigten in einen Zweifrontenkrieg treibt – gegen die russische Armee und gegen die eigenen Oligarchen und Politiker.

In dieser angespannten Situation haben sich die Rada-Abgeordneten einstimmig ihre Bezüge um 70 Prozent erhöht. Die Ukraine hat sich einem neoliberalen Konsens verschrieben, der welthistorisch zu Ende geht. Auch deshalb gilt meine uneingeschränkte Solidarität zwar den Ukrainern, aber nur eingeschränkt der jetzigen Ukraine.

2018 konnte ich in Moskau das Sacharow-Museum und die NGO Memorial noch besuchen, was Anlass bot, mich zu fragen, ob ich zu nachsichtig mit der inneren Entwicklung in Russland gewesen bin. Inzwischen sind auch sie verboten, wird das Gesetz über »ausländische Agenten« (ursprünglich übernommen von den USA und Israel) exzessiv instrumentalisiert zur Unterdrückung von Widerspruch. Andersdenkende und -lebende haben es extrem schwer, in der Duma kommt echte Opposition kaum vor, die Gewaltenteilung ist praktisch aufgehoben.

Was aber die relativen Freiheiten in der politischen Praxis der Vorkriegsukraine betrifft, die zu verteidigen der Westen nun vorgibt, so wäre es wichtig, sie genauer zu analysieren, um denen widersprechen zu können, die meinen, das politische System der Ukraine sei nur der schwächere Abglanz des russischen gewesen.

Wir, die wir von außen schauen, sind gehalten, *unsere* Praxis unter die Lupe zu nehmen. In Bezug auf Russland sei »die deutsche Presse die bösartigste überhaupt«, sagte Michail Gorbatschow schon 2009 im DLF. John Pilger, einer der prominentesten englischsprachigen Journalisten, benennt im Interview mit *Talking Post* die simple Spielregel im laufenden Propagandakrieg: Alles, was die Ukraine tut, ist zu glorifizieren, alles was Russland tut, zu verunglimpfen.

Vielleicht hat er sich bei seiner Analyse an Sir Arthur Ponsonby erinnert, den Pazifisten aus gutem Hause, der als Knabe Page von Königin Victoria war. Sein Buch »Die zehn Prinzipien der Kriegspropaganda« bezieht sich auf den Ersten Weltkrieg. Ich erlaube mir, kommentarlos einige Prinzipien zu zitieren:
- Wir wollen keinen Krieg.
- Die Gegenseite trägt die alleinige Verantwortung für den Krieg.
- Der Führer des Gegners hat dämonische Züge und ähnelt dem Teufel.
- Wir kämpfen für eine gute Sache.
- Der Feind begeht absichtlich Gräueltaten, bei uns handelt es sich um versehentliche Irrtümer.
- Wer unsere Berichterstattung in Zweifel zieht, steht auf der Seite des Gegners und ist ein Verräter.
- Angesehene Künstler und Intellektuelle unterstützen unsere Sache.

Da ließe sich ergänzen: Wer sie nicht unterstützt, ist folgerichtig auch nicht angesehen. Den Bürgern wird die Fähigkeit, sich selbst durch Abgleich der Informationen eine Meinung zu bilden, nicht zugetraut und nicht zugestanden. Das Phänomen wird allerdings seit Generationen beklagt. Mark Twain: »Wer keine Zeitung liest, ist uninformiert. Wer Zeitung liest, ist desinformiert.«

Russiagate war die größte Story seit Watergate. Mit Putin war der allmächtige Feind geschaffen – Putin hinter Wikileaks, hinter russischen Hackern, hinter Social-Media-Operationen, die Millionen von Amerikanern die Gehirne waschen; Putin sogar hinter Bernie Sanders, um die Clintons zu schwächen. Und der mächtigste Mann der Welt diene ihm als Agent. Trump musste seine ursprüngliche Absicht, mit Russland auskommen zu wollen, aufgeben, den für Europa existenziellen INF-Abrüstungsvertrag über atomare Mittelstreckenraketen kündigen, den New-Start-Vertrag aufs Spiel setzen und immer mehr bedrohliche Manöver an der russischen Grenze auffahren.

Ende 2021 hat das US-Justizministerium in einem innerelitären Konkurrenzkampf ermittelt, dass Russiagate ein vollständig erfundener Fake war – der Informant soll im Knast sitzen, seine Hintermänner haben erreicht, was sie wollten. In diesem Klima haben Fakes immer wieder beachtliche Eigendynamik entwickelt. Dem heißen Ukrainekrieg ging dieser jahrelange, kalte Informationskrieg voraus. Desinformation ist der Marsch in eine Welt der Irrationalität, für die Medien nicht zur Rechenschaft gezogen werden. Orwell hatte es vorhergesehen: der konstruierte Feind, der unsere eigene Vernunft zerstört. Und wie man heute sieht, auch die Vernunft des verleumdeten Feindes zugrunde richtet.

Wer letztlich überlegen sein wird, weiß derzeit niemand, alles deutet auf einen langen, zermürbenden Krieg hin. Keine Waffen in Krisengebiete – warum diese bislang gültige Regel plötzlich ungültig war, ist nie begründet worden. Seit dem Vietnamkrieg haben die USA im Bunde mit Willigen und Unwilligen noch nie einen Krieg gewonnen. Jedenfalls nicht im Sinne von Humanismus, Freiheit und Demokratie für das angegriffene Land. Aber die Ukrainer in der ärmsten Region Europas sollen nun für die NATO den Sieg ausfechten. Und die meisten Medien treiben die Politiker in diesem Sinne vor sich her.

Umso dramatischer, dass knapp 80 Jahre nach dem Zweiten Weltkrieg in der Ukraine wieder deutsche und russische Panzer gegeneinander kämpfen.

Angeblich wäre ein Waffenstillstand zum Zweck von Friedensverhandlungen für die Ukraine nicht vorteilhaft, weil mit zu vielen Kompromissen verbunden, wenn nicht als Kapitulation angesehen. Das ist eine Erwartung mit vielen Unbekannten und hängt sicher vom Fortgang der Ereignisse ab. Aber wir leben nicht mehr unter den Bedingungen des Stalinismus oder gar des Zarenreiches. Auch das Nachkriegsgeschehen wird sich unter den Augen der Weltöffentlichkeit abspielen, der UNO, des IGH. Es gibt die sogenannten sozialen Medien, zivilen Widerstand, Wahlen, Referenden. Selten hat sich ein Gebiet auf Dauer so entwickelt, wie Besatzer es wünschten. Eine intakte Infrastruktur und motivierte, tatkräftige Menschen sind eine bessere Ausgangsbasis für einen politischen Gewinn als ein formaler militärischer Sieg. Das Angebot von Waffenstillstand und Verhandlungen ist zumindest ein dem Leben zugewandtes Risiko.

Dagegen ein Atomkrieg zwischen den beiden Atomsupermächten Russland und USA, wie er jetzt als Bedrohung und doch beinahe lax in Nebensätzen immer mal wieder auftaucht, würde 150 Millionen Tonnen Ruß ausspucken, er würde sich wie ein dunkler Schleier jahrelang um die Erde werfen, die Temperaturen um 16 Grad senken und 90 Prozent der weltweiten Lebensmittelproduktion verunmöglichen.

Hinter diesem Szenario muss die Unverletzlichkeit der ukrainischen Grenzen zurücktreten. Souveränität ist ein hohes Gut, aber auch ein relatives, das an Höhe verliert, wenn dagegen der Zusammenbruch der Weltwirtschaft, des Weltklimas, also der Lebensgrundlage der Menschheit in Stellung gebracht wird. Es mag ja sein, dass die Frage, ob die Ukraine als souveräner Staat weiterexistieren kann, derzeit die zweitwichtigste Frage der Welt ist; die wichtigste aber bleibt auf immer die Frage, ob die Menschheit weiterexistieren kann.

Politisches Kalkül ist zurückgefallen hinter Einsichten, die etwa die Entscheidungen von John F. Kennedy schon 1963 prägten: »Vor allem müssen die Atommächte bei der Verteidigung ihrer eigenen vitalen Interessen jene Konfrontation abwenden, die einen Gegner vor die Wahl stellen, sich entweder demütigend zurückzuziehen oder einen Atomschlag zu führen. Einen solchen Kurs im Atomzeitalter einzuschlagen, wäre nur ein Beweis für den Bankrott unserer Politik – oder für einen kollektiven Todeswunsch für die Welt.«

Wenn ihr aufhören könnt zu siegen, wird diese Welt bestehen – das sagt Christa Wolfs Kassandra voraus. Wie es Kassandras Schicksal ist, man hört nicht auf sie.

Die schlimmste Variante der Zeitenwende wäre ein langanhaltender, eskalierender Weltordnungskrieg. Keine realexistierende Weltordnung kann für sich beanspruchen, als Modell zu taugen, und schon gar nicht, wertvoller zu sein als das Leben.

Dass sich die politische Elite blamiert, ist nichts Neues, aber diesmal zieht sie ihre Untergebenen in ein kolossales Desaster. Jetzt werden Bürger sanktioniert für das Versagen der von ihnen Gewählten. Niemand soll hungern, ohne zu frieren. Oder wie es Kurt Tucholsky 1931 empfahl: »Lerne lachen ohne zu weinen.« Ist es das, was ihr uns in diesem 21. Jahrhundert zu bieten habt?

Bis zum Beginn des Krieges sagten 94 Prozent (!) der Deutschen, ein gutes Verhältnis zu Russland sei ihnen wichtig. Das war ein klarer politischer Auftrag, der auf allen Seiten durch verschieden großes Politikversagen unterlaufen wurde. Heute werden es weniger geworden sein, die dieses Anliegen noch verfolgen, aber was bedeutet dieser damalige Auftrag heute?

Manche meinen, man solle bei der Suche nach Lösungen nun nicht mehr zurückblicken, sondern nach vorn. Aber was, wenn sich die Lösung aus dem Rückblick ergibt?

Ich glaube, um auf Jewtuschenkos rhetorische Frage zu antworten, immer noch nicht, dass die Russen Krieg wollen. Warum sollten sie nach drei historischen Großerfahrungen, in denen sie angegriffen wurden und unermessliches Leid erfuhren. Ich glaube allerdings, dass es eines gibt, was sie noch weniger wollen als Krieg, nämlich nochmal mit derart brutalem Vernichtungswillen überfallen und ausgerottet zu werden, wie im Zweiten Weltkrieg. Dieser Schrecken, von dem keine Familie verschont blieb, ist zu Erbgut geworden. (Ob es wohl auch ein deutsches Erbgut gibt, nicht im Sinne von Schuld, aber von Zuständigkeit für die Millionen geopferten Leben?)

Die Bundeswehr wirbt auf Plakaten mit einer im Gesicht erdverschmierten Soldatin der Panzertruppe, die Oberstabsgefreiter ist. (Immerhin: je verstaubter der Titel, je weniger lässt er sich gendern). Ihr entschlossener Blick soll Antwort auf die gedruckte Frage unter ihr geben: »Was zählt, wenn wir wieder Stärke zeigen müssen?« Wieder? So wie einst beim Unternehmen Barbarossa? *Befreit sich Deutschland jetzt von seinen Befreiern?* Und was zählt dann? Wir fragen schon nicht mehr.

Wir wissen ja: Wir müssen Stärke zeigen, damit Russland nicht erst die Ukraine okkupieren kann, um dann schnurstracks übers Baltikum nach Berlin durchzumarschieren. Dass ein solches Schreckensszenario verfängt, ist aus meiner Sicht trauriger Beleg der Wirksamkeit von Feindbild-Propaganda. Zwar hat der Kreml sich und die Welt mit diesem Krieg in der Tat mehrfach getäuscht, aber er müsste vollends von Rationalität abgefallen sein, wenn er nach der Erfahrung, wie schwer und verlustreich ein Krieg vor der eigenen Haustür ist, danach noch das Bedürfnis hat, den NATO-Verteidigungsfall auszulösen.

Im Dezember 2021 hatte der Kreml den USA und der NATO in diesem Sinne den letzten Entwurfsvorschlag für Sicherheitsgarantien zwischen den USA und der Russischen Föderation angeboten, um den Ukraine-Konflikt friedlich zu lösen. Er wurde bekanntlich als indiskutabel vom Tisch gewischt. Unsere Leitmedien haben damals das Bild vermittelt, als sei der Vertragsentwurf das Papier nicht wert, auf dem er steht. Offensichtlich haben sie sich darauf verlassen, dass kaum jemand den Wortlaut des Vertragsangebotes kennt. Der ist u. a. nachlesbar auf der Seite der russischen Botschaft in Berlin.

Danach hätte der Krieg verhindert werden können, wenn die 13 osteuropäischen NATO-Erweiterungsländer entsprechend der NATO-Russland-Akte vom Mai 1997 keine Westwaffen stationieren, alle Atommächte nur auf eigenem Territorium A-Waffen stationieren (was Russland mit dem Abzug von A-Waffen aus Osteuropa vorgemacht hat), die Ukraine neutral bleibt und vielfältige vertrauensbildende Maßnahmen wiederbelebt oder neu ergriffen werden. Damit hätte die Ukraine gut leben können. Das Bittere ist, dass man vermutlich bei den Punkten ansetzen wird, die nach einem zerstörerischen Krieg später wieder auf dem Tisch liegen.

Krieg ist immer Versagen von Politik. Und Politik beginnt immer beim Finden von Alternativen. Der Kreml hätte m. E. eine Alternative zu dieser Ablehnung finden müssen. Putin und Lawrow hätten mit ihrem nicht aus der Luft gegriffenen Gefühl der bedrohten Sicherheit und dem Entwurf für Gegenmaßnamen vor den UN-Sicherheitsrat gehen müssen oder vor die Vollversammlung. Sie hätten ihn an die ganz große Glocke hängen müssen. Es war nicht auszuschließen, dass sie Rückenwind bekommen hätten von allen, die die Unipolarität auch satthaben.

Immerhin hat die UN-Vollversammlung schon am 2. März 2022 sowohl den Abzug der russischen Streitkräfte gefordert wie auch die sofortige Beilegung des Konflikts durch Dialog, Verhandlungen und andere friedliche Mittel, wozu laut UN-Charta weder Waffenlieferungen noch Wirtschaftssanktionen gehören. Die Verantwortung aller Mitgliedstaaten und speziell der OSZE für Deeskalation wurde ausdrücklich betont. Aber aus Europa kam nichts dergleichen. *Europa gibt sich auf.*

Ohne Kompromissbereitschaft auf beiden Seiten wird es keinen Frieden geben, insbesondere, da an den Fehlern der Vorgeschichte alle beteiligt waren. Darüber, ob zu den Kompromissen auch Gebietsverluste gehören werden, sollte der Souverän entscheiden können. Und das ist nicht der Kreml oder die NATO, das ist die in den besagten Territorien lebende Bevölkerung. Das in der UN-Charta festgeschriebene Recht auf »Selbstbestimmung der Völker« kann nicht von Fall zu Fall ausgelegt, sondern muss präzisiert werden. Das gilt auch für die konkurrierenden Rechte der

»Gewährleistung der unteilbaren Sicherheit«, wonach kein Land seine Sicherheit auf Kosten eines anderen Landes erhöhen darf, und dem angeblich jedem Staat zustehenden »Recht auf freie Bündniswahl«. Hat das der Kongo oder Armenien?

Frieden ist zu wichtig, als dass man ihn den Politikern überlassen könnte. Ausgerechnet General Dwight D. Eisenhower, der vor seiner Zeit als US-Präsident auch Oberkommandierender der NATO in Europa war, kam 1961 in seiner Abschiedsrede zu dem Fazit: »Wir in den Institutionen der Regierung müssen uns vor unbefugtem Einfluss durch den militärisch-industriellen Komplex schützen. Wir sollten nichts als gegeben hinnehmen. Nur wachsame und informierte Bürger können das angemessene Vernetzen der gigantischen industriellen und militärischen Verteidigungsmaschinerie mit unseren friedlichen Methoden und Zielen erzwingen.«

In der US-Friedensbewegung ist dieses Erzwingen-Müssen offenbar auch noch stärker im Bewusstsein als im Protektorat Europa. Insofern könnten die transatlantischen Beziehungen in diesem Punkt ruhig intensiver sein.

Was haben wir dem entgegenzusetzen? Wir schaffen es nicht mal, Friedens- und Ökologiebewegung von der Notwendigkeit gemeinsamer Aktionen zu überzeugen. Viele junge Leute sind verunsichert, wissen nicht, für welchen Frieden sie auf die Straße gehen sollen. Warum fragen wir sie nicht, was erneuerbare Energie nutzt, wenn sie für die energieverschlingende und CO_2-speiende Militärmaschinerie verschwendet wird, also für den größten Klima- und Menschen-Killer weltweit? Grüne Bomben? Erloschenes Leben ist nicht erneuerbar!

Die bewundernswert Kampfentschlossenen von den Ökologiebewegungen kämpfen zurecht vehement für eine Verkehrswende. Aber warum nehmen sie es hin, dass das Militär für seinen ökologischen Fußabdruck weltweit niemandem rechenschaftspflichtig ist?

Als pragmatische Pazifistin frage ich mich, ob wir nicht den Mut haben müssten, die den Grünen nahestehenden jungen Leute an eine uralte Weisheit der Menschheit zu erinnern, die Cicero schon eine Generation vor Christi Geburt auf den Punkt brachte: »Der ungerechteste Frieden ist immer noch besser als der gerechteste Krieg.«

Jeder Frieden wäre besser als die Fortsetzung dieses zerstörerischen Krieges. Selbst wer das als Kapitulieren ansieht, sollte sich bewusst machen, dass nicht Staaten oder Regierungen kapitulieren, nicht die Institutionen der gefährdeten Demokratie oder die Zivilgesellschaft – es kapitulieren nur Armeen. Aber warum sollte damit die angegriffene und nicht die angreifende Seite beginnen? Auch wenn die Antwort unbefriedigend ist: Weil dieser Stellvertreterkrieg in der Ukraine stattfindet. Aufgerieben werden ihre Menschen, ihre Straßen, Brücken und Industrie, ihre Natur, ihre Kulturgüter, ihr Miteinander. Die Ukrainer haben leider mehr Gründe als alle anderen, einen Waffenstillstand so schnell wie möglich zu befürworten. Aber sind sie dafür noch souverän genug?

»As long as it takes«? Das ist ein schwerer Verstoß gegen das Friedensgebot des Grundgesetzes und der UN-Charta. Sie verpflichtet alle Mitglieder dazu, ihre internationalen Streitigkeiten durch friedliche Mittel beizulegen, damit der Weltfrieden nicht gefährdet wird. In ihr kommen Begriffe wie Verteidigungs- oder Angriffskrieg nicht vor, das Denken in den Kategorien von gerechten und ungerechten Kriegen ist ihr fremd, sie kennt weder Sieger noch Besiegte.

Folgerichtig hat die Mehrheit der UN-Staaten den russischen Überfall verurteilt. Gleichzeitig lehnen viele Staaten die militante Logik vom Siegfrieden ab und forderten eine »friedliche Beilegung des Konfliktes durch politischen Dialog«. UN-Generalsekretär António Guterres hat im Juli 2023 eine *New Agenda for Peace* vorgelegt. Er warnt darin vor zunehmender Gesetzlosigkeit und moralischen Doppelstandards. Sie war der *Tagesschau* nur 29 Sekunden wert. Vielleicht weil er als Ziel eine Weltordnung beschreibt, die sich dem gegenwärtig entstehenden Multilateralismus annähert. Ein Ziel, das auch Putin erwähnt. Und Regierungen, die die Mehrheit der Menschen dieser Welt repräsentieren. Sie wünschen eine Abkehr von der nach dem Golfkrieg von 1991 postulierten Wolfowitz-Doktrin, wonach den USA die Vorherrschaft zusteht und alle anderen raus- oder niedergehalten werden. Die sich um die BRICS-Gruppe versammelnden Staaten versagen zunehmend die Gefolgschaft. Was US-Präsident Joe Biden vor der 78. UN-Vollversammlung zu einer Erfolgsrede trieb, die Gemeinsamkeit beschwor. Während die UNO ihre Ziele zur Bekämpfung von Armut und Erderwärmung grandios verfehlt, propagierte er realitätsfern und unzeitgemäß »einen Platz an der Sonne für alle«. Viel verantwortungsvoller Brasiliens Präsident Lula in New York: »Der Krieg in der Ukraine macht deutlich, dass wir alle unfähig sind, die Ziele und Grundsätze der UN-Charta durchzusetzen.« Eine Kultur des Friedens sei unser aller Pflicht.

Dem entspricht eine Friedensinitiative des einstigen Vorsitzenden das NATO-Militärausschusses Harald Kujat, dem Historiker Peter Brandt u.a., die im September 2023 veröffentlicht wurde. Sie weist darauf hin, dass die politischen Ziele in diesem Krieg – gegen jede Vernunft – auf dem Schlachtfeld nicht erreichbar sind, weshalb das Risiko steige, dass eine Eskalation bis zu einem militärischen Konflikt zwischen NATO und Russland führt, ja bis zu einem auf Europa begrenzten Nuklearkrieg. Der detaillierte Verhandlungsvorschlag weist darauf hin, wie oft Präsident Putin schon einen konstruktiven Dialog angeboten hat, während die Ukraine weiterhin Verhandlungen mit Russland per Dekret verbietet. Weshalb die USA Selenskyj zu Verhandlungen drängen müssten. Was schwierig sein dürfte, wenn als Ziel eine europäische Friedensordnung benannt wird, in der die Ukraine und Russland ihren Platz haben.

Hier muss eine starke Friedensbewegung ansetzen. Stark würde voraussetzen: im Verbund mit den ökologischen und sozialen Bewegungen. Denn so weit darf es mit den fortschrittlichen Bewegungen nicht kommen, dass sie am Ende nur noch mit Papst Franziskus beten können:

»Ich erneuere meinen Appell an diejenigen, die die Nationen regieren: Führt die Menschheit nicht in den Ruin. Bitte! Führt die Menschheit nicht in den Ruin!«

Wer bin ich, den *Regierten* zu sagen: Lasst euch nicht in den Ruin führen! Bitte! Lasst euch nicht in den Ruin führen.

Annette Groth

Solidarität ist die Zärtlichkeit der Völker

Wie sieht echte Entwicklungszusammenarbeit aus?

»Solidarität ist die Zärtlichkeit der Völker« ist nicht nur ein bekannter Slogan, sondern bedeutet konkrete Solidarität, beispielsweise wenn medizinisches Personal aus Kuba in anderen Ländern aktiv ist.

Im Dezember 2022 trafen 51 kubanische Mediziner in Süditalien ein, um den akuten Personalmangel in kalabrischen Krankenhäusern zu lindern. Basis dafür ist ein bilaterales Abkommen, das im August 2022 vom Präsidenten der Region und der kubanischen Regierung unterzeichnet wurde.

Auch eine Gemeinde aus Nordirland hat Ende März 2023 Kuba um personelle Hilfe für die Notaufnahme eines Krankenhauses gebeten, das aufgrund des Ärztemangels von Schließung bedroht war. Ausgerechnet das arme Kuba, das seit Jahrzehnten unter einem strengen Boykott der westlichen Welt leidet, hilft in Europa: Das ist echte Solidarität!

Über die Fragestellung »Wie sieht echte Entwicklungszusammenarbeit aus?« sind in den letzten Jahrzehnten zahlreiche Publikationen erschienen,« aber die Frage stellt sich heute nach wie vor und ist angesichts der wachsenden Kluft zwischen arm und reich noch dringlicher geworden.

Welche Entwicklung hätten die Länder des Globalen Südens eingeschlagen, wenn ihre Forderung nach Verstaatlichung der Rohstoffe sowie aller öffentlichen Güter realisiert worden wäre und sie eigenständige Entwicklungsstrategien hätten durchsetzen können? Wer weiß, wie die Welt heute aussehen würde, wenn Entwicklungsländer ihre Vorstellungen von einem sozialistisch orientierten Entwicklungsweg hätten realisieren können, wie sie z. B. von Salvador Allende, Thomas Sankara, Kwame Nkrumah, Julius Nyerere und anderen verfolgt wurden. Aber die Alternativen zum kapitalistischen Wirtschafts- und Gesellschaftssystem hatten keine Chance auf Realisierung, weil sie den Interessen des Westens diametral entgegengesetzt waren. So wurden PolitikerInnen, die einen antikapitalistischen Weg einschlagen wollten, von ihren Posten entfernt, entweder durch kaltblütigen Mord oder durch Staatsstreich. Die Liste der politischen Morde an Personen, die der Durchsetzung kapitalistischer Interessen im Wege standen, ist lang. Fast nie wurden die Schuldigen für ihre Verbrechen bestraft, bis heute nicht.

Visionen für eine gerechte und antikapitalistische Entwicklung
Weil sie allmählich in Vergessenheit geraten, soll hier kurz an einige außergewöhnliche Staatschefs erinnert werden, die das Rad der Geschichte hätten drehen können, wenn sie nicht gestürzt worden wären.

An den Putsch gegen den iranischen Premierminister **Mohammad Mossadegh**, der die Ölindustrie, ausgebeutet von der Anglo-Iranian Oil Company, unter staatliche Kontrolle bringen wollte, dürften sich zumindest die älteren LeserInnen noch erinnern. Eine Verstaatlichung war klar gegen die Interessen der USA und Großbritanniens, die an dem iranischen Öl enorm verdienten, weshalb Mossadegh 1953 mithilfe von CIA und dem britischen MI6 weichen musste.

Durch sein 1965 veröffentlichtes Buch »Neocolonialism«, das die wirtschaftliche Ausbeutung Afrikas analysiert, wurde **Kwame Nkrumah** über die Grenzen Ghanas hinaus bekannt. Noch unter Großbritanniens kolonialer Herrschaft wurde Nkrumah im März 1952 zum Premierminister der Goldküste gewählt – das war der Kolonial-Name des Landes und drückt seinen großen Reichtum aus. Als zweiter westafrikanischer Staat wurde Ghana, wie es Nkrumah umbenannte, 1957 unabhängig. Nkrumah wurde 1966 während einer Auslandsreise vom Militär geputscht, und eine prowestliche Partei kam an die Macht. Mit dem Argument, »dass Nkrumah sich als sozialistischer Diktator bereichern würde«, unterstützte die CIA den Putsch. Was Nkrumah in seinem wegweisenden Buch »Neo-Colonialism« vor fast 60 Jahren geschrieben hat, ist ungebrochen aktuell und seine Analysen über die Finanzmärkte, über die Monopole, die imperialistischen Kriege und dergleichen mehr bestechen durch ihre Einfachheit und Klarheit.

»Der Wettbewerb zwischen den Ölkonzernen beschränkt sich nicht nur auf die Produktion, sondern erstreckt sich auch auf den Vertrieb von Erdölprodukten und die neue Nebenproduktindustrie der Petrochemie. Überall auf der Welt tobt ein erbitterter Kampf, der auf den starken Anstieg der verbrauchten Ölmenge und die territoriale Ausweitung des Verbrauchs zurückzuführen ist. Die Ölindustrie wurde von Anfang an von den mächtigsten Bankinteressen, den Rockefellers, Morgans und Rothschilds, dominiert, weil sie enorme Gewinne einbrachte. (…) Die Reserven der Öl-Trusts belaufen sich auf Milliarden. Vieles wurde für Investitionen im Ausland verwendet, wobei die USA alle anderen weit übertreffen. Zu den Finanzreserven aus Erdöl kommen noch jene aus Metall- und anderen Rohstoffmonopolen angehäuften hinzu: so die vom Nahrungsmittelmonopol und von riesigen Industrie- und Agrarimperien; von den militärischen Vorbereitungen und den verschiedenen Kriegen, die seit dem Ende des Zweiten Weltkriegs gegen Kolonialvölker geführt wurden; von der Entwicklung nuklearer Zerstörungsinstrumente und dem Wettlauf um die Führung im Bereich der Weltraumführerschaft. (…)

Der Kapitalismus enthält viele Paradoxien, die alle auf dem Konzept der Warenproduktion beruhen: die wenigen Reichen und die vielen Armen; Armut und Hunger inmitten von Überfluss; Kampagnen zur Befreiung vom Hunger sowie Subventionen zur Einschränkung der Ernteproduktion. Aber vielleicht am lächerlichsten ist der ständige Verkehr mit den gleichen Waren, Produkten und Gütern zwischen Ländern. Jeder ist sozusagen damit beschäftigt, die Wäsche des anderen in Empfang zu nehmen. Dies geschieht nicht aus Not, sondern aus dem Zwang der Gewinnerzielung und Monopolausweitung. Der europäische Binnenmarkt ist zur Apotheose dieses Prozesses und zur Mülldeponie internationaler Investitionen geworden, die von den riesigen US-Bankkonzernen und ihren britischen Satelliten dominiert werden. Die Europäische Gemeinschaft, von der der gemeinsame europäische Markt nur ein Aspekt ist, ist keineswegs ein neues Konzept. Dies wurde von Hobson bereits in seiner Kritik des Imperialismus als ›einer europäischen Föderation von Großmächten‹ angedeutet, die, weit davon entfernt, die Sache der Weltzivilisation voranzutreiben, die gigantische

Gefahr westlicher Parasiten mit sich bringen könnte, einer Gruppe fortgeschrittener Industrienationen, deren Oberschichten riesige Tribute aus Asien und Afrika bezogen, mit denen sie große Massen von Gefolgsleuten unterstützten, die nicht mehr in der Grundnahrungsmittelindustrie der Landwirtschaft und des verarbeitenden Gewerbes tätig waren, sondern sich der Erbringung persönlicher oder kleinerer industrieller Dienstleistungen unter der Kontrolle einer neuen Finanzaristokratie widmeten. Es ist kollektiver Imperialismus.«[1]

Weniger bekannt als Kwame Nkrumah ist **Thomas Sankara**, von 1983 bis 1987 Präsident des afrikanischen Landes Obervolta, das er 1984 in Burkina Faso, »Land der Aufrechten«, umbenannte. Sankara war ein charismatischer, linksgerichteter Panafrikanist, der ähnliche politische Ideale wie Che Guevara verfolgte und für ein vereinigtes Afrika kämpfte.

Sankaras Lehrer an der Militärakademie war ein führender Vertreter der auf die Sowjetunion ausgerichteten Parti Africain de l'Indépendance (PAI, Afrikanische Partei der Unabhängigkeit), der Sankara und seine Freunde mit den Schriften großer Guerillakriegsführer wie Vo Nguyen Giap bekannt machte. Durch die Lektüre von Marx, Engels, Lenin, Mao, Proudhon, Fourier und Saint-Simon inspiriert, entwickelte Sankara die Idee einer »Volksarmee«, ein zentraler Punkt seines politischen Konzepts. In einer Rede, die Sankara im Dezember 1982 vor der oppositionellen Lehrergewerkschaft des Landes hielt, führt er aus, dass Obervolta neokolonial unterdrückt sei und dass »Soldaten und Arbeiter sich derselben Klassenherrschaft gegenüber« sähen. Daher müsse das Militär auch die Gewerkschaften unterstützen. Der Redetext wurde sogar in Frankreich in der Zeitschrift *Politique Africaine* veröffentlicht und erregte viel Aufmerksamkeit.

In seiner Regierungszeit setzte Sankara zahlreiche, zum Teil sehr erfolgreiche Maßnahmen für die sozialistische Entwicklung des Landes durch, die mithilfe von Verstaatlichungen, Wiederaufforstung und zahlreichen sozialen Kampagnen Korruption, Hunger und Armut bekämpfen

---

1 Kwame Nkrumah: Neo-Colonialism. The last stage of imperialism, London 1971; online unter: www.marxists.org/subject/africa/nkrumah/neo-colonialism/ch03.htm (Übersetzung: d. A.)

und Bildungsmöglichkeiten sowie die Gesundheitsversorgung verbessern sollten. Dazu gehörten unter anderem Impfkampagnen, die Abschaffung der Privilegien für Staatsbedienstete und eine Landreform, die Burkina Faso in wenigen Jahren von Lebensmittelimporten unabhängig machte. Sankara verbot außerdem die Beschneidung von Mädchen und Frauen und förderte Frauen nach allen Kräften.

Um eine größtmögliche Partizipation der Bevölkerung an der Regierung zu ermöglichen, richtete Sankara eine Radioshow ein, in der einmal wöchentlich Hörer direkt mit Ministern, Parteiführern und hohen Beamten sprechen konnten. Darüber hinaus organisierte er im ganzen Land Versammlungen mit Politikern, um auch die bis dahin weitgehend vergessene Landbevölkerung zu erreichen und sie an gesellschaftspolitischen Entwicklungen zu beteiligen. Das war ein neuer Politikstil, der Sankara viele Sympathien, aber auch viel Opposition einbrachte.

Sankara wurde im Oktober 1987 in einem Putsch getötet, angeführt von seinem ehemaligen Freund Blaise Compaoré, der Sankaras politische Ideen und Maßnahmen bekämpfte. Compaoré machte alle Verstaatlichungen und Sozialprogramme rückgängig und war ein gehorsamer Schüler des IWF, der sogleich ein Strukturanpassungsprogramm durchsetzte. Als ob er seinen baldigen Tod geahnt hätte, sagte Sankara in Gedenken an Che Guevara eine Woche vorher: »Revolutionäre und Individuen kann man ermorden, aber Ideen lassen sich nicht töten.« Wenn Sankara weitergelebt hätte und mit anderen panafrikanisch und sozialistisch orientierten AfrikanerInnen den eingeschlagenen Entwicklungsweg hätte fortführen können, wäre das sicher ein Schritt zu einer gerechteren Entwicklung und Verteilung gewesen. Ob allerdings der Westen sowie die zahlreichen Entwicklungshilfeorganisationen eine derartige Strategie toleriert und gefördert hätten, darf stark bezweifelt werden.

35 Jahre nach dem Tod von Thomas Sankara, der nie ganz aufgeklärt wurde, hat sich Ibrahim Traoré, ein junger Militär, im September 2022 ebenfalls mittels eines Putsches zum Interimspräsidenten Burkina Fasos ernannt. Das war der zweite Putsch innerhalb eines Jahres. Der Vorgänger Traorés war der Chef der Militärjunta, Paul-Henri Sandaogo Damiba, der erst Ende Januar 2022, auch durch einen Putsch gegen den gewählten Präsidenten, Roch Marc Christian Kaboré, an die Macht gekommen war.

Ein Ziel der von Damiba angeführten Militärregierung war die Bekämpfung der Dschihadisten, die aber ihre Angriffe im Jahr 2022 intensivierten. Das sorgte für große Frustration bei Traoré und seinen Mitstreitern und führte zu dem Putsch, der mit der »kontinuierlichen Verschlechterung der Sicherheitslage« begründet wurde.

Traoré, derzeit weltweit jüngster Staatschef, begreift sich als Nachfolger von Thomas Sankara und will dessen Entwicklungsprogramme und -strategien wieder aufleben lassen.

Die internationale sozialistische Wochenzeitung *The Militant* kürte im Herbst 2021 Sankaras Reden, erschienen unter dem Titel »Wir sind die Erben der Weltrevolutionen«, zum Buch des Monats.

Die Rede, in der Sankara die Gründe für seinen Putsch darlegt, ist von verblüffender Aktualität und zeigt, dass sich in den letzten 40 Jahren für die Bevölkerung Burkina Fasos nicht viel geändert hat.

»Mein einziger Wunsch umfasst Zweierlei: Erstens möchte ich im Namen meines Volkes, desjenigen von Burkina Faso, in einfachen Worten sprechen, die klar und sachlich sind. Und zweitens, auf meine Art und Weise, auch im Namen der ›großen enterbten Menschen der Welt‹ sprechen, jene, die zu einer Welt gehören, die ironischerweise ›Dritte Welt‹ getauft wurde. Und ich möchte die Gründe für unseren Aufstand darlegen, auch wenn es mir vielleicht nicht gelingt, sie verständlich zu machen. (…) Dies ist es, was wir, das Volk der Burkinabé, am Abend des 4. August 1983 erblickten, als die ersten Sterne am Himmel unseres Heimatlandes zu funkeln begannen. Wir mussten die Führung der Bauernaufstände übernehmen, deren Anzeichen in einem Land sichtbar waren, das von der fortschreitenden Wüste in Panik geriet, von Hunger und Durst erschöpft und verlassen war. Wir mussten dem sich zusammenbrauenden Aufstand der untätigen städtischen Massen einen Sinn geben, die frustriert und müde waren, zu sehen, wie Limousinen die Eliten herumfuhren, Eliten, die keinen Kontakt mehr zur Bevölkerung hatten und einander an der Spitze des Staates ablösten, während sie den städtischen Massen nichts als falsche Lösungen boten, ausgearbeitet und konzipiert im Geist anderer.«[2]

---

2 Books of the Month, Thomas Sankara: We are heirs of the world's revolutions, Bd. 85, Nr. 36, 4.10.2021, https://themilitant.com/2021/09/25/thomas-sankara-we-are-heirs-of-the-worlds-revolutions/ (Übersetzung: d. A.)

Sankara prangerte also schon vor 40 Jahren das große Gefälle zwischen arm und reich an, eine Kluft, die sich stets vergrößerte. Die Eliten wurden von den Kolonialmächten gepäppelt und für ihre Zwecke instrumentalisiert.

Diese Problematik wird heute von den Putschisten angesprochen, und die Frage nach den Gründen für die grassierende Armut trotz des Ressourcen-Reichtums der afrikanischen Länder wird immer lauter gestellt.

In dem Sinn äußerte sich Ibrahim Traoré auf dem Russland-Afrika-Gipfel, der im Juli 2023 in Sankt Petersburg stattfand:

»Die Fragen, die sich unsere Generationen stellen, sind folgende: Es geht darum zu verstehen, wie es sein kann, dass Afrika bei so viel Reichtum auf unserem Boden heute der ärmste Kontinent ist. Und wie kommt es, dass unsere Staatschefs bettelnd durch die Welt reisen? Wir afrikanischen Staatschefs müssen aufhören, uns wie Marionetten zu verhalten, die jedes Mal tanzen, wenn die Imperialisten an den Fäden ziehen.«[3]

Und an die Adresse der afrikanischen Staatschefs gerichtet, erklärte Traoré: »Ein Sklave, der nicht aufbegehrt, verdient kein Mitleid«. Er appelliert an die Afrikanische Union, sie dürfe »nicht länger Afrikaner verurteilen, die gegen ihre Regierungen kämpfen, die doch nur Marionetten des Westens sind.«[4]

Einen Monat später verkündet Oberst Sadio Camara, der Verteidigungsminister von Mali, Ähnliches auf einer Konferenz in Moskau: »Unser Volk hat beschlossen, sein Schicksal wieder in die eigenen Hände zu nehmen und seine Autonomie mit zuverlässigeren Partnern zu stützen.«[5]

Das ist eine klare Absage an die französischen Kolonialherren, die die Ressourcen ihrer westafrikanischen Kolonien jahrzehntelang rücksichtslos ausgebeutet und den Ländern nur Brotkrumen gelassen haben.

Die Staatsstreiche, die seit 2020 in sechs Ländern Afrikas stattfanden (je zwei in Mali und Burkina Faso, einer im Tschad, in Guinea, Niger und zuletzt Gabun) haben nicht nur die Franzosen aufgeschreckt.

---

3   www.africa-live.de/russland-afrika-gipfel-die-afrikaner-kriegen-sich-in-die-wolle.
4   »Sahel – Aufstand der Autonomisten«, Anne-Cecile Robert, September 2023, https://monde-diplomatique.de/artikel/!5943464.
5   Ebenda.

Sanktionen und Debatten über importierte politische Systeme

Nach dem Putsch im Niger Ende Juli 2023, drohte das westafrikanische Staatenbündnis ECOWAS mit militärischem Eingreifen sowie mit Sanktionen. Zu einem Krieg kam es nicht, aber Niger wurde mit harten Sanktionen bestraft, die große Teile der nigrischen Bevölkerung in Hunger und Elend stürzen.

In ganz Afrika lösten die Putsche intensive Debatten über die Vorteile und die Grenzen eines »importierten politischen Systems« aus. In zahlreichen Artikeln werden intellektuelle Diskurse und Analysen über afrikanische Identität publiziert sowie alternative Wege der Entwicklung und der Abkopplung von den ehemaligen Kolonialmächten diskutiert. Für Baroness Dayan Ako-Adounvo, Professorin an der Ghana University, ist »Frieden nicht nur die Abwesenheit von Gewalt, sondern auch das Vorhandensein von sozialer Solidarität«. Sie fordert einen *dekolonialen Frieden,* »der die Menschen in Afrika und ihre einheimischen Friedensstrukturen in den Mittelpunkt der Schaffung eines dauerhaften Friedens stellt«. Das bedeutet, Frieden in einen Zusammenhang zu stellen mit afrikanischen »Werten, Glaubenssystemen und Formen der Spiritualität, im lokalen Wissen und in den Technologien sowie in den Traditionen und Formen kultureller und künstlerischer Ausdrucksformen verwurzelt, die zur Achtung der Menschenrechte, zur kulturellen Vielfalt, zur Solidarität und zur Ablehnung von Gewalt beitragen.«[6]

Aminata Traoré, ehemalige Ministerin Malis für Kultur und Tourismus und *die* Grande Dame der westafrikanischen Intellektuellen, äußerte sich Ende August 2023 in einem Interview zu einem möglichen Krieg und betonte, dass ein Krieg alle Faktoren, die zur Erstarkung dschihadistischer bewaffneter Gruppen beigetragen haben, verschlimmern und die Region noch stärker militarisieren würde. »Wir haben schon zu viele Tote und Hungernde, wir brauchen nicht noch mehr Tote für eine Form der Demokratie, die nicht die Demokratie ist, die wir brauchen«.[7]

---

6 »Frieden in Afrika – Ein Traum, der wahr werden muss«, in: Zeitung gegen den Krieg, Nr. 53/2023.

7 »Wir wollen keine Toten für eine Demokratie, die keine ist«, Aminata Dramane Traoré über Demokratie in Westafrika und westliche Einflussnahme, Rosa-Luxemburg-Stiftung, 30.8.2023, www.rosalux.de.

Für Aminata Traoré liegt die Zunahme dschihadistischer Gruppen neben der allgemeinen Verarmung auch in dem Auftreten externer Akteure begründet, die in die lokalen Konfliktdynamiken eingreifen, sie verschärfen und verstetigen. Als Beispiel nennt sie Frankreichs Unterstützung für die separatistische Bewegung der Tuareg MNLA (Nationale Bewegung für die Befreiung des Azawad) im Norden Malis. Ein anderes Beispiel ist die Invasion der NATO in Libyen 2011, infolge derer Waffen und Kämpfer in Richtung Sahel wanderten. Aminata Traoré betont auch, dass »sich dschihadistische Gruppen mittels Schutzversprechen in der lokalen Bevölkerung verankerten und viele ihrer Rekruten ihr Handeln unter anderem als soziale Revolte sähen«. Schließlich macht sie auch den durch die Europäische Union in die Sahelzone exportierten Kampf gegen Migration verantwortlich. Eine Region, in der Migration seit Jahrhunderten zum Alltag gehört, verunmöglicht die EU-Grenzpolitik; das betrifft auch die regionale saisonale Migration, die für das Überleben in der kargen Umwelt unabdingbar ist. Ohne die Möglichkeit zu migrieren, hat die Jugend im Sahel fast keine Perspektiven und so schließen sie sich dschihadistischen Gruppen an, um Geld zu verdienen. »Ihr Leben riskieren sie so oder so«, kommentiert Aminata Traoré die hohen Risiken bei einer Flucht oder bei bewaffneten Gruppen.

Liptako-Gourma-Charta

Um enger zusammenzuarbeiten und sich auch militärisch abzusichern, unterzeichneten im September 2023 die militärisch geführten Übergangsregierungen von Burkina Faso, Mali und Niger in Bamako die Liptako-Gourma-Charta und vereinbarten gegenseitige Sicherheitsgarantien sowie eine engere wirtschaftliche Zusammenarbeit. Diese Charta könnte die militärisch-strategische Dynamik in der Region neu gestalten, da drei der vier Länder, deren Teilnahme an der ECOWAS in den letzten Jahren ausgesetzt wurde, nun einen Subblock innerhalb der ECOWAS bilden. Guinea ist nicht Teil dieser »Sahel-Allianz«, könnte aber möglicherweise in der Zukunft beitreten.

Es ist zu hoffen, dass die Bemühungen um antikoloniale und unabhängige, eigenständige Entwicklungsstrategien der westafrikanischen Staaten Erfolge aufweisen und dass Verarmung und Ausbeutung durch ausländische Konzerne, durch die ehemaligen Kolonialherren und durch erzwungene Sparmaßnahmen vonseiten der Weltbank und des Internationalen Währungsfonds (IWF) als »Belohnung« für Kredite endlich ein Ende haben.

Mit Hilfe von Strukturanpassungsprogrammen und aufgezwungenen Freihandelsabkommen wurden und werden bis heute Industrialisierungsstrategien zunichtegemacht, weil der kapitalistische Westen seine Produkte, oftmals hochsubventioniert, dort ablädt. Auf diese Weise wurden ganze Industriezweige zerstört; das Beispiel der billigen tiefgefrorenen Hähnchenteile aus Europa, mit denen die Hühnerproduzentinnen in Ghana nicht mithalten können und darum Bankrott gingen, ist nur eines von vielen.

Schädliche »Entwicklungsstrategie« des Westens
Bereits vor fast 20 Jahren kritisierte **Aminata Traoré** die überaus schädliche »Entwicklungsstrategie« der Europäer:

»Europa schickt uns seine Hühnerbeine, seine Gebrauchtwagen, seine abgelaufenen Medikamente und seine ausgelatschten Schuhe, und weil eure Reste unsere Märkte überschwemmen, gehen unsere Handwerker und Bauern unter. Jetzt schickt China seine Produkte nach Europa, und zwar nicht einmal Reste, sondern saubere, wettbewerbsfähige Waren. Und was tut Europa? Es diskutiert Zölle. Also sage ich: Auch Afrika darf sich schützen. Europa kann doch nicht vor China Panik kriegen und zugleich von Afrika Öffnung verlangen«.[8]

Hintergrund für Traorés scharfe Kritik waren die Freihandelsabkommen, sogenannte *Economic Partnership Agreements* (EPA) zwischen der EU und den AKP-Staaten (Afrika, Karibik, Pazifik), gegen die vor 20 Jahren heftig protestiert wurde, auch in Deutschland. Die Kritik wandte sich insbesondere gegen die Aufhebung von Zöllen, die die Länder des Globalen Südens auf Importprodukte erhoben, um einheimische Produkte gegen die häufig subventionierten Billigprodukte aus Europa zu schützen. Mit den Freihandelsabkommen müssten die Zölle drastisch gesenkt werden, so dass afrikanische Märkte für europäische Importe frei zugänglich wären. Traoré:

---

8 Annette Groth / Theo Kneifel: »Europa plündert Afrika – Der EU-Freihandel und die EPAs«, AttacBasisTexte 24, Hamburg 2007, »Der Widerstand in Afrika wächst«, S. 52.

»Unsere Kleinunternehmer sollen überschwemmt werden. Das ist unverantwortlich! Es geht vor allem um die Landwirtschaft und den Dienstleistungssektor. Seit 50 Jahren Unabhängigkeit und seit 30 Jahren Strukturanpassung hören wir immer dasselbe: Schafft gute Rahmenbedingungen, wir kommen! Baut die richtigen Institutionen auf, damit wir uns bei euch wie zu Hause fühlen und damit die Investitionsrendite stimmt! Und dann wundern sich die Europäer, dass unsere Männer und Frauen, mittellos, verarmt und verzweifelt, auf Wanderung gehen? Ihr schickt uns doch zugleich eure Fernsehbilder, um uns zu zeigen, wie man gut lebt«.[9]

Aminata Traoré bezeichnet die Freihandelsabkommen als die »Massenvernichtungswaffen Europas« und plädiert für eine »mündige öffentliche Meinung«, die eine informierte und verantwortungsbewusste Zivilgesellschaft und Wählerschaft voraussetzt. »Es geht um eine fordernde Zivilgesellschaft. Ganz wichtig ist der Schulterschluss mit der öffentlichen Meinung des Nordens. Deswegen habe ich mich auch in die französische Referendumskampagne zur EU-Verfassung eingemischt. Man kann doch nicht über Europa reden und zugleich die afrikanischen Länder ignorieren, mittels derer die einstigen Kolonialmächte ihr Kapital aufgebaut haben«.[10]

Obwohl eine UNCTAD-Studie von 2004 über die Auswirkungen der sogenannten »Handelsliberalisierung« in 40 Ländern zeigt, dass die Hälfte der Staaten als Resultat der Liberalisierung eine De-Industrialisierung ausweist, und auch die Weltbank 2005 aufgrund zahlreicher Evaluierungen schlussfolgerte, dass Handelsliberalisierung allein nicht ausreicht, um Armut wirksam zu bekämpfen, wurden die AKP-Staaten genötigt, die EPAs zu unterschreiben.[11] Teilweise mit kleinen Modifikationen, aber die Stoßrichtung bleibt: ihr öffnet eure Märkte für unsere subventionierten billigen Waren und liefert uns Rohstoffe zu günstigen Bedingungen.

Eine gerechte, menschenrechtsbasierte Entwicklungszusammenarbeit kann nur zwischen gleichberechtigten Partnern »auf Augenhöhe« funk-

---

9 »Auch Afrika darf sich schützen«, Interview François Misser mit Aminata Traoré, in: die tageszeitung, 6.7.2005, taz.de.

10 Ebenda.

11 The economics of failure: The real cost of ›free‹ trade for poor countries, Christian Aid, June 2005, https://archive.kubatana.net.

tionieren. Die Forderung des Westens, des IWF und der Weltbank nach »good governance« der Staaten des Globalen Südens ist paternalistisch und hat den Geruch von Kolonialismus und Rassismus. »Good governance« lenkt zudem von Korruption in den westlichen Ländern und von umweltzerstörerischen und sozial schädlichen Praktiken ab. Strukturanpassungsprogramme und Freihandelsabkommen, die von IWF, Weltbank und der WTO den Ländern aufgezwungen werden, sind für zunehmende Armut verantwortlich und gehören auf den Müllhaufen der Geschichte.

Der Globale Süden stellt Forderungen
Auf etlichen internationalen Konferenzen wie auch in der UN-Generalversammlung im September 2023 haben der Globale Süden und die verschiedenen Staatenbündnisse wie BRICS, G20, G77 und China laut gegen die ungerechte Weltordnung protestiert und gegen die westliche Dominanz rebelliert. Sie äußerten deutliche Kritik an dem Missbrauch von Weltbank, des IWF und anderen internationalen Organisationen durch die USA und ihre Verbündeten, die sie als Instrumente für ihre neoliberale und kolonialistische Politik benutzen.

Auf ihrem Gipfel Mitte September 2023 kurz vor der UN-Generalversammlung verabschiedeten die teilnehmenden Vertreter der G77 und China einstimmig die Erklärung von Havanna, in der das »Recht auf Entwicklung in einer zunehmend exklusiven, unfairen, ungerechten und ausplündernden internationalen Ordnung« unterstrichen wurde. Die Erklärung von Havanna trägt den Titel »Herausforderungen der Entwicklung von heute: Die Rolle von Wissenschaft, Technologie und Innovation«, dementsprechend werden die Aspekte des Wissenstransfers, der Digitalisierung sowie des Zugangs zur Technologie besonders hervorgehoben. Aber auch die »großen Herausforderungen, die die derzeitige ungerechte internationale Wirtschaftsordnung für die Entwicklungsländer mit sich bringt«, sind heute so akut, »unter anderem aufgrund der anhaltenden negativen Auswirkungen der COVID-19-Pandemie, auch wenn die WHO die Public Health Emergency of International Concern (PHEIC) für COVID-19 aufgehoben hat, der geopolitischen Spannungen, der einseitigen Zwangsmaßnahmen und der gegenwärtigen vielfältigen Krisen, einschließlich der Wirtschafts- und Finanzkrise, der Fragilität der globalen

Wirtschaftsaussichten, dem zunehmenden Druck auf Nahrungsmittel und Energie, der Vertreibung von Menschen, der Marktvolatilität, Inflation, Währungsanpassung, wachsender Auslandsverschuldung, zunehmender extremer Armut, zunehmender Ungleichheiten innerhalb und zwischen den Ländern sowie der negativen Auswirkungen des Klimawandels, des Verlusts der biologischen Vielfalt, der Wüstenbildung, der Sand- und Staubstürme und der Umweltzerstörung sowie der digitalen Kluft, ohne dass bisher ein klarer Fahrplan zur Bewältigung dieser globalen Herausforderungen vorliegt.«[12]

Wenige Wochen vorher kamen die BRICS-Länder (Brasilien, Russland, Indien, China, Südafrika) im August 2023 auf dem 9. Parlamentarischen BRICS-Forum in Johannesburg zusammen und vereinbarten die Aufnahme von sechs Staaten (Saudi-Arabien, Iran, Vereinigte Arabische Emirate, Argentinien, Ägypten und Äthiopien) in ihren Verbund zum 1. Januar 2024. Der südafrikanische Vizepräsident Paul Mashatile erklärte auf der Tagung, dass sich BRICS »gemeinsam für die Schaffung einer neuen Weltordnung, die auf den Grundsätzen von Gerechtigkeit und Konsens beruht«, einsetzt.

»Die Vision der BRICS ist es, eine gerechte Weltordnung zu schaffen, die für alle Länder und Völker der Welt existiert und nicht für einige wenige«, betonte er. »Die BRICS-Agenda zielt darauf ab, eine multilaterale Welt, eine globale Wirtschaft und Sicherheit für alle Völker des Planeten zu schaffen. Die Tatsache, dass die Zahl der BRICS-Mitglieder ab dem 1. Januar 2024 von derzeit 5 auf 11 steigen wird, zeigt, dass wir auf dem richtigen Weg sind.«[13] Argentinien machte jedoch unter Javier Milei Ende 2023 einen Rückzieher.

Der Westen muss einsehen, dass die Zeit der unipolaren Welt vorbei ist.

An Finanzmitteln mangelt es nicht
Das vielfach abgenutzte Argument, für Entwicklung und die Bekämpfung des Hungers in der Welt seien keine ausreichenden Finanzmittel da, ist falsch.

---

12 www.netzwerk-cuba.org/2023/09/g77-und-china-erklaerung-von-havanna-zu-den/.
13 www.anti-spiegel.ru/2023/die-brics-laender-fordern-eine-neue-weltordnung/.

Der im Januar 2023 veröffentlichte Oxfam-Bericht »Survival of the Richest« über soziale Ungleichheit zeigt die immer größer werdende Schere zwischen arm und reich: »Seit Beginn der Corona-Pandemie hat das reichste Prozent der Weltbevölkerung rund zwei Drittel des weltweiten Vermögenszuwachses kassiert. Gleichzeitig leben 1,7 Milliarden Arbeitnehmer*innen in Ländern, in denen Lebenshaltungskosten schneller steigen als Löhne. Erstmals seit 25 Jahren haben extremer Reichtum und extreme Armut gleichzeitig zugenommen. (…) Seit 2020 gingen 26 Billionen US-Dollar (63 Prozent) der gesamten Vermögenszuwächse in Höhe von 42 Billionen US-Dollar an das reichste Prozent der Weltbevölkerung, während 99 Prozent sich den Rest teilen.«[14]

Diese massive Ungleichheit und die ungeheuren privaten Reichtümer von Milliardären und Multimilliardären, die ihr Geld bei Vermögensverwaltern wie BlackRock anlegen und deren Vermögen das Bruttosozialprodukt vieler Staaten übersteigt, stellen eine ernste Gefahr für den Weltfrieden dar. Die Machtkonzentration in den Händen von Wenigen birgt zunehmend die Gefahr von kriegerischen Auseinandersetzungen und konterkariert alle Bestrebungen für eine nachhaltigere und gerechtere Welt.

Ähnliches trifft für die globalen Militärausgaben zu: 2022 sind sie auf einen neuen Rekordwert gestiegen. Laut dem Friedensforschungsinstitut SIPRI gaben die Staaten 2022 2.240 Milliarden US-Dollar (etwa 2.040 Milliarden Euro) für Rüstung aus – so viel wie nie zuvor. Das sind Investitionen in eine Tötungsindustrie, die zwar den Rüstungsunternehmen gewaltige Gewinne verschaffen, aber den Bevölkerungen zunehmende Armut.

Es ist höchste Zeit für eine effektive und drastische Umverteilung dieses Reichtums und einen fundamentalen Richtungswechsel des Wirtschaftens, das bislang auf Wachstum ausgerichtet war und nicht nur den Planeten Erde verwüstet, sondern auch den Menschen ihre Lebensgrundlage entzieht.

Mit den Milliarden der Superreichen und gleichzeitiger drastischer weltweiter Abrüstung könnte eine wirksame Armutsbekämpfung – nicht

---

14 www.oxfam.de/ueber-uns/aktuelles/soziale-ungleichheit-krisen-profite-reichstes-prozent-kassiert.

nur im Globalen Süden (!) – sowie eine ökologische Transformation ermöglicht werden.

»Diese Wirtschaft tötet«, sagte Papst Franziskus. Er hat Recht. Darum brauchen wir ein anderes Wirtschaftsmodell, das die Staatsfinanzen in Bildungs- und Gesundheitssysteme, in effektive Armutsbekämpfung sowie in öffentliche Dienstleistungen wie Infrastruktur investiert.

Rohstoffe wie Gold, Öl, Seltene Erden und dergleichen gehören in staatliche Hand, kontrolliert von einer starken, informierten Zivilgesellschaft, wie es Aminata Traoré fordert. Mit Erlösen aus den Ressourcen könnten Staaten des Globalen Südens Dienstleistungen wie Bildung, Gesundheit, Infrastruktur für die Bevölkerung adäquat bezahlen. Solange aber den Ländern weiterhin Rohstoffe geraubt werden, wie etwa in Syrien, und/oder nur sehr schlecht bezahlt werden, wird nicht nur eine effektive Armutsbekämpfung, sondern eine echte Entwicklung Utopie bleiben. »Es kommt nicht darauf an, den Menschen der Dritten Welt mehr zu geben, sondern ihnen weniger zu stehlen«, sagte Jean Ziegler vor vielen Jahren. Das gilt bis heute.

2023 war der 75. Geburtstag der Allgemeinen Erklärung der Menschenrechte (AEMR). Die effektive Durchsetzung der Menschenrechte wäre ein schönes Geburtstagsgeschenk, aber darauf werden wir sicher noch eine Weile warten müssen. Der Traum von der Realisierung der Menschenrechte – und dazu gehört auch das Recht auf gesunde Luft und eine intakte Umwelt (!) – bleibt bestehen und dafür lohnt es sich zu kämpfen!

Luc Jochimsen

Die Ohnmacht der Kunst gegen die Gewalt des Krieges

Oder: Wie kommen wir zu einer Kultur des Friedens?

Bertha von Suttner / DIE WAFFEN NIEDER!

»Oh, Jeanne d'Arc – du himmelsbegnadete Heldenjungfrau, könnt' ich sein wie du! Die Oriflamme schwingen, meinen König krönen und dann – sterben – sterben für das Vaterland, das teure.«

»Ich erinnere mich, dass der höchste Begriff menschlicher Größe mir im kriegerischen Heldentum verkörpert schien (…) wenn mir je etwas von den Bestrebungen der Frauen nach Gleichberechtigung zu Ohren kam, so begriff ich die Emanzipationswünsche nur nach einer Richtung: die Frauen sollten auch das Recht haben, bewaffnet in den Krieg zu ziehen.«

Vier Kriege hatte Bertha von Suttner, die 1843 geborene, adelige Untertanin der österreichisch-ungarischen Doppelmonarchie, erlebt, als sie ihr Buch »DIE WAFFEN NIEDER!« schrieb: den Sardinischen Krieg zwischen Österreich und Frankreich 1859, den Deutsch-Dänischen Krieg 1864, den Krieg des Deutschen Bundes samt Österreich gegen Preußen 1866 und den Deutsch-Französischen Krieg 1870/71.

Den ersten Krieg erlebte sie als 16-jähriges Mädchen, den vierten als junge Frau von 27 Jahren. Vier Kriege innerhalb von etwas mehr als zehn Jahren.

DIE WAFFEN NIEDER! ist kein Pamphlet, kein Appell, sondern ein Roman. Die fiktiv-biografische Geschichte einer Generalstochter, umgeben von Husaren, Ullanen, Dragonern..., die mit 18 Jahren »Kriegsbraut« wird, Soldatenfrau – oder, wie es ihrem Stand entsprechend hieß, »Offiziersgemahlin« und fast noch im selben Jahr Kriegerwitwe. Sie ist anschließend umgeben von Kriegsteilnehmern, Kriegsheimkehrern, Verwundeten, Verstümmelten, Traumatisierten für immer... Drei weitere Kriege folgten auf den von 1859. Der Roman schildert sie aus der Sicht einer Frau. Es ist ein Entwicklungsroman im Stil seiner Zeit. In sechs Kapiteln wird die Kriegslust, der Hurra-Patriotismus, die Kriegsgewalt beschrieben und analysiert – und schließlich 1871 beklagt, verurteilt, verdammt, geächtet.

Fast 20 Jahre später, 1889 wird der Roman DIE WAFFEN NIEDER! veröffentlicht – unter diesem Titel, der wie ein Aufschrei klingt – und wie ein Aufschrei wirkt. Nicht Tausend oder Hunderttausende lesen das Buch, sondern Millionen. Und zwar nicht nur in Österreich, Deutschland oder Europa – in der ganzen Welt. 37 Auflagen werden bis 1905 gedruckt, in 15 Sprachen. Und die Millionen lesen nicht nur das Buch, sie gehen auf die Straßen der Metropolen, sie demonstrieren, sie bilden überall Friedensgruppen, bestehend aus vielen Frauen, aber auch Männern, sogar ehemaligen Soldaten, Veteranen. Sie schreiben die Antikriegsgeschichte weiter. Pazifismus wird ein Schlagwort, eine Idee, eine Sehnsucht, neben und gegen den nach wie vor herrschenden Militarismus der Mächtigen und ihrer Gefolgschaft.

1905 erhält Bertha von Suttner den Friedensnobelpreis – gestiftet von einem Großindustriellen, der das Dynamit erfunden hatte und mit dieser Erfindung Millionen verdiente. Dynamit-Nobel modernisierte Technik und Industrie und vor allem auch die Waffen überall in der Welt. Zur gleichen Zeit setzte sich der Welterfolg des Buches der Friedensnobelpreisträgerin fort. Bertha von Suttner hielt Vorträge, flammende Reden in Wien, Berlin, Brüssel, Paris, London... Die Kriege aber gehen weiter: 1904/05 der Russisch-Japanische Krieg, 1908/09 die Annexion von Bosnien-Herzegowina durch Österreich-Ungarn und 1912/13 die beiden Balkan-Kriege.

Bertha von Suttner bleibt die Ikone einer weiter anwachsenden Friedensbewegung, die vor allem 1914 in den Monaten und Wochen vor dem Ausbruch des Ersten Weltkrieges sowohl in Berlin, Paris, Brüssel und London in gewaltigen Demonstrationen KEIN KRIEG! KEIN KRIEG! fordert – und einen europäischen Generalstreik.

Am 21. Juni 1914 stirbt Bertha von Suttner in Wien. Sieben Tage später wird der österreichische Thronfolger in Sarajewo erschossen. Die Pazifisten warnen und demonstrieren weiter, internationale Friedenskongresse in den westlichen Hauptstädten sollen das Unheil des drohenden Krieges bannen. Auch Soldaten erklären: Wir werden nicht aufeinander schießen, wir wollen leben! DIE WAFFEN NIEDER!

Aber am 28. Juli 1914 geht es wieder los: eine Kriegserklärung folgt der nächsten: Österreich/Serbien, Deutschland/Russland, Russland/Deutschland, Deutschland/Frankreich, Großbritannien/Deutschland…

Vier Jahre wird dieser Weltkrieg dauern, in den wiederum abertausende Begeisterte ziehen mit Gesang und Blumen bekränzt von ihren Angehörigen: »Serbien muss sterbien«, »Jeder Schuss ein Russ«, »Jeder Stoß ein Franzos«, »Jeder Tritt ein Britt«.

Fast alle Kontinente erreicht dieser Krieg, fast alle großen Meere. Er hinterlässt Verwüstung ohne Vergleich und bringt 17 Millionen Menschen auf mörderische Weise um ihr Leben.

Erich Maria Remarque / IM WESTEN NICHTS NEUES

»Granaten, Gasschwaden und Tankflottillen
– Zerstampfen, Zerfressen, Tod.
Ruhr, Grippe, Typhus – Wunden
Verbrennen, Tod.
Graben, Lazarett, Massengrab – mehr
Möglichkeiten gibt es nicht.«

Als der Erste Weltkrieg ausbricht, ist Erich Maria Remarque, der da noch Paul Erich Remark hieß, 16 Jahre alt. Geboren in Osnabrück, aufgewachsen in einer katholischen Familie, der Vater ist Buchbinder. Zwischen Schule und Lehrerausbildung beginnt er zu schreiben: Gedichte, Berichte, Romane… Kurz vor seinem 19. Geburtstag wird er eingezogen und kommt im Juni 1917 an die Westfront, in den Frontgraben. Am 31. Juli wird er schwer verwundet und verbringt die nächsten Kriegsmonate im Lazarett. Dort schreibt er auf, was er sieht und was die anderen verwundeten Soldaten berichteten, wenn sie die Sprache finden für das Grauen, das sie erlebt haben – und immer wieder aufs Neue erleben müssen. Denn kaum geheilt, müssen sie zurück an die Front. So auch Remark. Allerdings ist es da schon Oktober 1918 und der Krieg vier Wochen später zu Ende.

Der völlig demoralisierte Kriegsheimkehrer wird Lehrer, gibt den Beruf aber zwei Jahre später auf, arbeitet als Buchhalter, Sportjournalist, Sekretär und schreibt, schreibt, schreibt... den Roman seiner Kriegserinnerung. Neun Jahre später, 1927, ist das Buch fertig. Kein Verlag will es drucken. Schließlich gibt es 29.000 lokale »Kriegervereine« im Land. Die neue Republik ist durchseucht von Hass, Rache, Feindbildern, Dolchstoßlegenden, Opferfantasien... Selbst linksliberale Verlage wie Ullstein und S. Fischer geben das Manuskript zurück. Aber im November 1928 veröffentlicht die *Vossische Zeitung* einen Vorabdruck in 30 Fortsetzungen – über die Weihnachtszeit! Der Text war in der Welt. Die Geschichte des 19-jährigen Paul Bäumer, der keine Ausbildung hat und von der Schulbank an die Front geht – freiwillig – wie auch seine sechs Schulkameraden. War Bertha von Suttners DIE WAFFEN NIEDER! ein Frauenroman, eine Geschichte von der »Heimatfront«, so ist Remarks Buch eine Männertragödie, eine schonungslose Schlachtfeld-Beschreibung vom Anfang bis zum Ende des Ersten Weltkrieges. Im Oktober 1918 fällt Paul Bäumer, wie ein anonymer Erzähler im Roman berichtet.

»Paul hat Ruhe, weil er Gas geschluckt hat. Sein Gesicht wirkt beinahe friedlich. An der Front ist es an diesem Tag so ruhig, dass der Heeresbericht sich auf den Satz beschränkt ›Im Westen nichts Neues‹«.

Auch dieses Buch wurde ein Bestseller und sofort in 26 Sprachen übersetzt. Millionen Leser machten den jungen Schriftsteller Erich Paul Remark weltberühmt, der sich von nun an ganz provokant Erich Maria Remarque nannte. »Maria« in Erinnerung an seine im letzten Kriegsjahr verstorbene Mutter und »Remarque« zu Ehren seiner französischen Vorfahren – als Hinweis auf die Gemeinsamkeit der Völker. Was ist, wenn man Blut vom Blut und Fleisch vom Fleisch des »Erbfeindes« ist?

DIE WAFFEN NIEDER! und IM WESTEN NICHTS NEUES sind Kunstwerke des 19. und 20. Jahrhunderts, die den Krieg verdammen und ächten und durch ihr Millionenpublikum in aller Welt eine Kultur des Friedens schufen – mit Konsequenzen: Der Gedanke der Abrüstung kam in die Welt, die Idee vom übernationalen starken Völkerbund, Weltgemeinschaft... Verbündete kamen überall zusammen, Protestbewegungen, Antikriegsgruppen entstanden. Die Idee des Pazifismus leuchtete auf, der Glauben an Gewaltlosigkeit verbreitete sich, oder eher: die Hoffnung auf diese Möglichkeit dieses Zusammenlebens. Selten war dieses Umdenken so populär. Aber die Kriege gingen eben weiter. Auf den Ersten Weltkrieg folgte der Zweite.

Krieg war immer schon da und blieb, zumindest in der uns bekannten Geschichte, zumindest bei der Mehrheit der Völker. Kriege und die Kultur des Friedens sind nämlich parallel.

Aischylos / DIE PERSER

472 v. Chr., 2.500 Jahre vor unserer Zeitrechnung also, wird in Athen DIE PERSER uraufgeführt, das erste uns überlieferte Drama, mit dem die europäische Theatergeschichte überhaupt beginnt. Geschrieben und ins Amphitheater gebracht, hat es der Athener Kriegsheimkehrer Aischylos, der acht Jahre zuvor in der Schlacht von Salamis gekämpft hatte, in der ein nicht sehr großes Heer der Griechen die übermächtige Flotte des Perser-Königs Xerxes vernichtet hat. Dieses Geschehen bringt er auf die Bühne. Aber wie? Ort der Handlung ist ein Hof im Persischen Königspalast in Susa. Nicht der Sieg der Griechen wird beschrieben oder ihr Feldherr gefeiert. Es geht um die Niederlage. Um die Opfer des Krieges, das Blutbad, den Schrecken, die Zerstörung, den tausendfachen Tod. Und das alles wird geschildert für ein griechisches Publikum – für die Sieger.

Diese antiken Theaterstücke waren Staatsakte und Gottesdienst zugleich. Sie wurden vom Staat auch subventioniert und im Rahmen von Wettbewerben aufgeführt, wie die Olympischen Spiele – und heute Filmfestspiele. 472 v. Chr. wurden die Perser mit dem ersten Preis ausgezeichnet.

Euripides / DIE TROERINNEN

50 Jahre später, 415 v. Chr., wurde in Athen DIE TROERINNEN uraufgeführt, mitten in einer wüsten Kriegszeit. Ein Jahr vorher hatte Alkibiades die Insel Melos überfallen, die Männer ermorden, die Frauen und Kin-

der zu Sklaven machen lassen – und zur Zeit der Uraufführung bereitete Athen den Krieg gegen Sizilien vor.

Es geht um die gefangenen Frauen Trojas nach der Eroberung der Stadt. Die Frauen werden an die Sieger verteilt. Im Mittelpunkt steht Hekabe, die Königin von Troja, sie hat ihren Mann und ihre Söhne im Krieg verloren, nun schleppen die Sieger ihre Töchter und Schwiegertöchter als Beute fort und töten den einzigen überlebenden Enkelsohn. Am Schluss wird, was von der Stadt Troja übrig ist, in Brand gesetzt – und der alten Königin bleibt nicht einmal die Möglichkeit sich umzubringen, auch sie kommt in Gefangenschaft. Ein Frauenstück. Und dazu gehört auch, dass sich unter den gefangenen Frauen auch Helena befindet, um die angeblich dieser schreckliche Krieg geführt worden sei. Auch sie ist natürlich Beute und soll nun in Griechenland vor Gericht gestellt werden als Ursache des mörderischen Krieges. Eine Kriegsverbrecherin sozusagen, die sich unschuldig fühlt, denn gehandelt haben ja die Männer! Diese Helena-Geschichte ist eingefügt in das große Anti-Kriegsdrama als Tragödie in der Tragödie.

Georg Hensel, der berühmte Theaterkritiker der bundesrepublikanischen Nachkriegszeit und Verfasser des umfassenden Schauspielführers »Spielplan« kommentiert das 2.000 Jahre alte Drama des Euripides so:

»DIE TROERINNEN sind ein pazifistisches Zeitstück. Euripides warnt seine Landsleute, er zeigt den Krieg von Troja ohne allen heroischen Glanz als eine Kette von Grausamkeiten und Schlächtereien. Eine Springflut des Leidens bricht über die Besiegten herein: die Sinnlosigkeit des unermesslichen Leides ist der schlimmste Teil dieser wilden Anklage gegen den Krieg. Sie scheint sich seiner eigenen Ohnmacht schon bewusst und wagt im tiefen Pessimismus auch keine Rettung von jenseitigen Mächtigen zu erhoffen. In den Flammen, die am Ende des Stückes lodern, in diesen Flammen der Sinnlosigkeit versinkt auch der Glaube an eine neue überirdische Weltordnung zu Asche.« Oder wie es in einer Nachdichtung des Stückes von Jean-Paul Sartre im Jahr 1965 heißt: »Ihr werdet dran verrecken. Alle.«

Im antiken Theater folgt auf die Tragödie immer die Komödie, das Satyrspiel, später auch Satire genannt. Und so muss unbedingt an Aristophanes erinnert werden, der das Thema Krieg und Frieden in grotesken Zeitspiegeln abhandelte. Darunter als Höhepunkt die Anleitung zur »Wehrkraftzersetzung« durch Sexentzug, damals »Ausbettung« genannt: no peace – no sex please!

Aristophanes / LYSISTRATA

20 Jahre dauerte schon der Peloponnesische Krieg, als 411 v. Chr. die Satire LYSISTRATA in Athen uraufgeführt wurde. Um den Stadtstaat stand es schlecht. Die Flotte beherrschte nur noch einen Teil der Ägäis. Die eiserne Finanzreserve war angegriffen. Putschversuche, Denunziationen, Femmemorde beherrschen den Stadtstaat. Das wollen die Athenerinnen nicht mehr mitmachen. Die »Ehefrau Lysistrata« bringt sie vor der Akropolis zusammen und lässt sie schwören, dass sie so lange auf das »eheliche Lager verzichten«, bis die Männer Frieden geschlossen haben. Auch aus Sparta kommt eine »Ehefrau« hinzu und verspricht, dass auch die Spartanerinnen vom Moment des Frauenstreiks in Athen an in den Liebesstreik treten werden. Solcherart mit den Feindinnen verschworen, besetzen die Athenerinnen die Akropolis und bemächtigen sich der Staatskasse. »Kein Geld mehr für den Krieg!« Ein Herold verkündet, dass in Sparta die gleiche Nummer abgezogen wird. Es dauert allerdings noch ein bisschen, denn dem Publikum soll ja auch gezeigt werden, wie so ein Sexstreik im Schlafzimmer vor sich gehen könnte. In einer großen Bettszene reizt die »Ehefrau Myrrhine« ihren zum Heimaturlaub von der Front zurückgekehrten Mann bis aufs Äußerste – und lässt ihn dann sitzen – allerdings unter Seufzern und Tränen... es hätte ja so schön sein können, wenn Frieden herrschen würde.

Der wird daraufhin dann tatsächlich geschlossen und gefeiert mit Trunk und Tanz, Gesang – und Sex.

In Georg Hensels berühmtem Schauspielführer heißt es: »Sieben Jahre nach der Uraufführung hat Athen den Peloponnesischen Krieg endgültig verloren. Der pazifistische Warnschrei des Aristophanes, ausgestoßen mitten im mörderischen gegenseitigen Abschlachten, blieb so nutzlos wie die Warnschreie seiner vielen literarischen Nachfolger in den folgenden Jahrhunderten. Dass er ihn ausstoßen durfte und nicht wegen Wehrkraft-

zersetzung oder Defaitismus vor ein Kriegsgericht gestellt wurde, bleibt ein ewiger Ruhmestitel der attischen Demokratie.«
2.500 Jahre ist das her. Einer der vielen literarischen Nachfolger war übrigens Rolf Hochhuth mit LYSISTRATE UND DIE NATO 1973.

Und dieses Datum bringt uns zurück zur Geschichte von Erich Maria Remarques IM WESTEN NICHTS NEUES. Sie geht ja weit über das Erscheinen des Buches 1929 hinaus – und leitet zu der Kunstform Film über. War Remarques Buch sofort ein internationaler literarischer Erfolg, so wurde es ein Jahr später auch ein filmischer Kassenschlager, als Louis Milestone, der im Ersten Weltkrieg mit der US-Armee an der Front gewesen war, die Geschichte in Amerika verfilmte. Und zwar als Stumm- und Tonfilm und als eines der ersten Kinodramen, das für den deutschen Markt synchronisiert wurde. Was seiner Verbreitung in Deutschland allerdings wenig half, denn Nazitrupps stürmten die Kinos, Aufführungsverbote folgten schnell. In Frankreich blieb der Film sogar bis 1963 (!) verboten. ALL QUIET ON THE WESTERN FRONT erhielt 1930 die zwei wichtigsten Oscars: für beste Regie und besten Film und wurde *der* Antikriegsfilm dieser besonderen Zwischenkriegs-oder-Vorkriegszeit. Er wurde auch ein Gelderfolg ohnegleichen, spielte sofort – nach heutiger Rechnung über 28 Millionen Dollar ein, insgesamt über die Jahrzehnte fast 50 Millionen. The most loved and the most hated picture.

1939 kam der Film erneut in die US-Kinos. Er hatte ein »doppeltes Publikum«. Sowohl die Amerikaner stürmten die Kinos, die ihr Land aus dem bevorstehenden Weltkrieg heraushalten wollten, als auch jene, die ihr Land überzeugen wollten, dass dieser Krieg unbedingt auch von Amerika mitgekämpft bzw. beendet werden müsste. Der Antikriegsfilm mitten im Krieg: welch eine Parallele.

Und diese Parallele existiert bis auf den heutigen Tag. 2022, fast 100 Jahre nach Milestones Klassiker gibt es eine deutsche Neuverfilmung durch den Regisseur Edward Berger, die erste deutsche Kinofassung des Romans. Auch dieser Film wird oscarprämiert – vor allem als bester internationaler Film. Jetzt schreiben wir das Jahr 2023 und wieder tobt ein Krieg, diesmal auch wieder in Europa. Und die Bundesrepublik rüstet auf – in vielfacher Hinsicht. Mit einem gigantischen Militäretat, mit Waffenlieferungen, und vor allem mit einer Abkehr von bisheriger Politik. Selbst über den Einsatz von Streubomben wird diskutiert und Sieg gefordert. Pazifismus ist ein Unwort. Pazifisten gelten als nützliche Idioten von Gewaltherrschern und im Kino läuft IM WESTEN NICHTS NEUES…

Wie kommen wir zu einer Kultur des Friedens? Die Frage erweist sich, wenn man sich unsere Kulturgeschichte anschaut, als falsch gestellt. Wir haben ja eine weltweite Kultur des Friedens, und zwar von Anfang unserer übermittelten Geschichte an. Wir haben aber eben auch parallel die Gewalt des Krieges, ebenfalls von Anfang an und bis heute.

Was wir tun können, ja machen müssten, ist, diese große, alte, junge Kultur des Friedens in den Alltag zu bringen. Die Bücher, die Dramen, die Filme… die Bilder, die Töne, die Musik, die hier nicht beschrieben werden konnten, weil es den Rahmen eines solchen Beitrags sprengen würde… Sie müssen wir dem Vergessen entreißen, verbreiten, neu beschreiben, erweitern, ergänzen. Eine Macht, die es mit der Gewalt des Krieges aufnehmen kann, wird die Kultur nicht werden – es sei denn, der in der Natur des Menschen angelegte Überlebenskampf verändert sich.

Die Mehrheit der Menschen will keine Kriege, heißt es. Ihre Massenproteste und ihre individuellen Gegenpositionen, die sie auch heute noch so oft mit dem Leben bezahlen, aber bleiben ohne Wirkung – auf die Dauer jedenfalls. Es müsste einmal so werden, wie es der berühmte Ausspruch der Antikriegsbewegung in den 1980er Jahren beschrieb: »Stell dir vor, es ist Krieg und niemand geht hin!«

2023 aber gibt es Krieg wie immer und überall, auch wieder in Europa. Und als Weltgemeinschaft wollen wir jetzt erstmal das Weltall erobern!

Nirit Sommerfeld

Kunst im Kampf um Menschenrechte

Das Werk »Guernica – Gaza« von Mohammed Al-Hawajri

Im Jahr 2022 erwarb Norman Paech auf der skandalisierten *documenta fifteen* neun Fotografien aus der Bilderserie »Guernica – Gaza« des palästinensischen Künstlers Mohammed Al-Hawajri. Die Arbeit wurde – wie viele andere Werke, die in Kassel durch das indonesische Kuratoren-Kollektiv Taring Padi präsentiert worden waren – als antisemitisch gebrandmarkt.

Mit dem Kauf der Kunstwerke bezweckte Norman Paech zweierlei: Erstens wollte er dem Künstler seine Anerkennung zollen – die künstlerische Qualität der Arbeit hatte ihn überzeugt, die Bilder gefielen ihm. Zweitens – und hier zeigt sich im Kunstliebhaber der immer politisch denkende und handelnde Norman Paech – wollte der Käufer die Bilder von Al-Hawajri einer breiteren Öffentlichkeit zugänglich machen. Er wollte sie dem Fluch entreißen, der ihnen durch den hässlichen Antisemitismus-Vorwurf anhaftete, wollte Werk und Publikum neue Chancen der Begegnung bieten, neue Möglichkeiten schaffen, gesehen und beurteilt zu werden. Nicht zuletzt wollte er den Betrachter*innen der Bilder die Lebensrealität der Menschen in Gaza nahebringen.

Ich fühlte mich geehrt und gleichzeitig herausgefordert, als ich mit der Aufgabe betraut wurde, zu Norman Paechs 85. Geburtstag über diese Kunstwerke zu sprechen. Zu sagen, die Bildende Kunst sei nicht mein Metier, wäre eine schamlose Untertreibung. Die Wahrheit ist: ich verstehe nichts von Bildender Kunst. Ich mag sie, sie fasziniert mich, und manchmal berührt sie mich; dann weiß ich, dass mir ein Werk »gefällt«. Ich bin Schauspielerin und Sängerin, ich verstehe mich aufs Darstellen, auf die Kunst des vergänglichen Augenblicks, des dramatischen Bogens, der flüchtigen Wahrhaftigkeit, die sich auf einer Bühne erzeugen lässt. Aber über Kunst sprechen – wie sollte ich das anstellen? Ich musste mir überlegen, wie ich mir Zugang dazu verschaffen könnte. Ich sah mir den gesamten Bilderzyklus »Guernica – Gaza« im Katalog an, betrachtete Abbildungen von Picassos *Guernica* und schaute wieder in den Katalog. Nach einer Weile geschah etwas Eigenartiges: Während ich äußerlich immer ruhiger wurde, mein Blick immer länger auf einem Bild verweilte, geriet ich innerlich in Bewegung. Etwas wurde in mir angestoßen, geriet in Schwingung. Mir war, als würde ein Dialog zwischen mir und den Bildern entstehen. Sie begannen, etwas in mir auszulösen, während ich sie betrachtete.

Und so erlaubte ich mir, mit ihnen zu verweilen. Ich ließ ihnen und mir Zeit, auf mich zu wirken. Erstaunlicherweise eröffnete sich mir ein Weg zum Verständnis der Bilder, der ein ganz persönlicher war. So beschloss ich, meine (Ehr-)Furcht vor der großen Kunst kurz beiseitezuschieben und in möglichst einfachen Worten zu beschreiben, was ich sehe, was ich entdecke und was ich dazu denke. Ganz einfach. Ohne jeglichen Anspruch auf Richtigkeit oder gar Wahrheit, ohne das Hinzuziehen von ohnehin nicht vorhandenem (kunst-)historischem Verständnis. Stattdessen wollte ich eine Geschichte erzählen, in der die Fäden verschiedener Geschichten zusammenlaufen – meine persönlichen, die von Norman und vielleicht sogar Geschichten aus Gaza. Ich spürte, dass das, was in mir räsoniert beim Betrachten der Bilder, etwas mit mir zu tun haben muss, mit meinen Erfahrungen, meinen inneren Bildern, vielleicht mit Erinnerungen an Ereignisse, die vor meiner Zeit stattgefunden haben. Darum habe ich mir diesen persönlichen Zugang zu »Guernica – Gaza« erlaubt, in der Hoffnung, auch anderen Menschen einen persönlichen Weg zu diesen Kunstwerken aufzuzeigen.

Das Jahr 1937 mag für manche Menschen bedeutungslos sein; für andere ist es von größter, von existenzieller Bedeutung. In meiner Familie, besser gesagt: in meinen *beiden* Familien mütterlicher- und väterlicherseits, ereigneten sich im Sommer 1937 zwei zunächst vollkommen voneinander unabhängige Dinge. Im Sommer 1937 ging der 18-jährige deutschjüdische Abiturient Rolf Sommerfeld zusammen mit seinem Vater Julius in Haifa von Bord eines Schiffes. Mein Großvater Julius brachte damals seinen einzigen Sohn vor den Nazis in Sicherheit. Der junge Mann – damals noch weit davon entfernt, mein Vater zu werden – betrat an einem heißen Sommertag erstmals palästinensischen Boden. Sein Vater kehrte bald darauf in seine Heimat Deutschland zurück. Zwei Jahre später wurde Julius Sommerfeld im KZ Sachsenhausen ermordet.

Zur selben Zeit, im Juli 1937, erblickte keine 100 km von Haifa entfernt ein Mädchen in Givat Shaul nahe Deir Yassin bei Jerusalem das Licht der Welt. Das Mädchen wurde – wie es bei arabischen Juden Brauch war, nach einer kürzlich verstorbenen Tante benannt: ›Ahuva‹, ›Geliebte‹ war ihr Name. Vierundzwanzig Jahre später wurden die junge marokkanischstämmige Ahuva und der mittlerweile 42-jährige deutschstämmige Rolf, beide Juden, beide mittlerweile nach der Staatsgründung von 1948 auch Israelis, meine Eltern.

Auch für Norman Paech war das Jahr 1937 von großer persönlicher Bedeutung. Denn wenn er im April 1938 geboren wurde, so bedeutet es, dass er 1937 gezeugt wurde!

Es entzieht sich leider meiner Kenntnis, wie sich das Jahr 1937 für Normans Eltern gestaltete. Daher möchte ich zunächst den Fokus von den persönlichen Geschichten lenken auf die politischen Ereignisse des Jahres 1937 in Europa, um dann auf das eigentliche Thema zu kommen, nämlich ›Kunst im Kampf um Menschenrechte‹. 1937 sind in Deutschland die Nazis bereits seit vier Jahren an der Macht, in Italien regieren unter Mussolini die Faschisten, ebenso wie in Spanien unter Francisco Franco, der einen blutigen Bürgerkrieg angezettelt hat. Am 27. April 1937 schicken die spanischen Faschisten mit Unterstützung der Italiener deutsche Kampfflugzeuge los, die sogenannte ›Legion Condor‹, um die baskische Kleinstadt Guernica dem Erdboden gleichzumachen. Kriegsziele wie eine nahegelegene Rüstungsfabrik oder Militärkasernen werden nicht angegriffen. Ein Drittel der Zivilbevölkerung Guernicas, etwa 1.600 Menschen, auch die, die versuchen zu fliehen, werden nach diesem Luftbombardement durch Explosions- und Brandbomben getötet oder schwer verletzt. Guernica – den Basken gilt sie als heilige Stadt – liegt in Schutt und Asche. Später, bei den Nürnberger Prozessen, wird Oberbefehlshaber Hermann Göring zu Protokoll geben, der Angriff sei »eine Art Prüfstand für die Luftwaffe« gewesen. Die zivilen Opfer seien zu bedauern; doch habe man »keine andere Möglichkeit« gehabt: »Damals konnte man sich diese Erfahrung nirgendwo anders holen.«

Als Picasso von der Gräueltat erfährt, wirft er seine Pläne für ein Kunstwerk über den Haufen, das er für den Spanischen Pavillon der Weltausstellung in Paris geplant hatte. Stattdessen fertigt er in weniger als einem Monat ein Gemälde von der Größe einer Wand an – 3,50 m hoch und fast 8 m lang – und schafft damit ein Werk, das nicht nur 1937 in Paris zur größten Attraktion wird. *Guernica* wird in ganz Europa herumgeschickt und ausgestellt, bevor es 40 Jahre lang im Museum of Modern Art in New York hängen sollte. Von Anfang an zog es seine Betrachter in den Bann, es erschüttert, trifft ins Mark. Bis heute gilt *Guernica* als Picassos eindrucksvollstes Gemälde, überhaupt sein vielleicht berühmtestes Werk: eine Antikriegs-Ikone mit universeller Symbolkraft, deren Aussage bis heute aktuell ist.

Zu *Guernica* gibt es zahllose kunsthistorische Abhandlungen, von denen ich einige gelesen habe und die mir bei der Betrachtung des Bildes geholfen haben, das Gesehene besser einzuordnen. Die beinahe monochrome Farbigkeit etwa, die auf das Zeitungspapier anspielt, das 1937 in Sepiatönen die Katastrophe in der Baskenstadt in die Welt hinaus trug. Aber auch ohne kunsthistorische Hilfestellung ist es nicht schwer, einen Zugang zu *Guernica* zu bekommen, denn bei aller Abstraktion sehen wir abgetrennte Gliedmaßen, schmerzverzerrte Gesichter, aufgerissene Münder bei Mensch und Tier, Feuer, zerstörte Gebäude. Pablo Picasso hat Schreie, Schmerz, Tod, Verzweiflung, Zerstörung auf eine riesige Leinwand gebracht, von der wir im ersten Anblick verführt sind zu sagen: »Schön.«

Aber nein, »schön« ist das nicht. Wir sehen auf diesem Bild die *Folgen* von Krieg, und zwar auf einer individuellen Ebene. Wir sehen, fühlen, spüren, wir können das Leid förmlich riechen – dieses Leid und das Unrecht, dem Mensch und Tier, dem alles Lebende, dem die ganze Welt in Guernica ausgesetzt war.

Auf die Frage, warum Mohammed Al-Hawajri ausgerechnet Guernica als Namensgeber für seine Bilderserie gewählt habe, sagt er: »Wegen der Ähnlichkeiten zwischen dem Krieg gegen Gaza 2008/09 und der deutschen Aggression gegen Spanien im Jahr 1937, während der die Stadt Guernica zerstört wurde. (…) Guernica ist ein großartiges Beispiel für die Wichtigkeit, die der Kunst zukommt bei der Dokumentation der Realität und historischer Fakten. Mehr noch, es zeigt, dass Kunst einen Einfluss auf die Haltung der Menschen haben kann. Durch Kunst können die Leute Geschichte entdecken, können sie mit ihrer Gegenwart in Verbindung bringen und können Gewalt und Aggression ablehnen.«

Ich habe während dieses Krieges 2008/09 in Tel Aviv gelebt. Wir konnten beim morgendlichen Hunde-Spaziergang vom Strand aus die Flugzeuge und Hubschrauber beobachten, wie sie an der Küste entlang Richtung Süden flogen, um über dem dicht besiedelten Gazastreifen ihre tödliche Last abzuwerfen. Kurz darauf wurden wir im Fernsehen auf BBC oder Al Jazeera darüber informiert, welche Verwüstungen die Flieger hinterlassen hatten: eingestürzte Häuser, zerfetzte Leiber, stumm rennende Überlebende, blutüberströmt mit aufgerissenen Augen. Weinende Ärzte schrien in die Kameras hinein, ihre kleinen Patienten würden wegen der Phosphorbomben immer wieder zu brennen beginnen, sobald sie sie berührten, um die Splitter aus ihren geschundenen Körpern zu entfernen.

Mohammed Al-Hawajri hat die Auswirkungen von Luftangriffen auf ein dicht besiedeltes, von Zivilisten bewohntes Gebiet selbst erlebt – er war einer dieser Zivilisten in Gaza. Um diese Ereignisse, um deren künstlerische Umsetzung geht es ihm. Mit keinem Wort, mit keiner bildlichen Andeutung stellt er einen Vergleich oder gar eine Gleichsetzung von Juden oder Israelis mit Nazis an, so wie gewisse Leute es gerne während der *documenta fifteen* behaupteten. Sie brachten damit den falschen Vorwurf des Antisemitismus ins Spiel. Falsch nicht nur deswegen, weil der Künstler sich vehement gegen jeden Vorwurf dieser Art verwehrt; falsch vor allem deswegen, weil auf all seinen Bildern kein einziger Verweis darauf zu finden ist, dass Juden diffamiert werden. Tatsächlich findet gar keine Diffamierung statt, sondern die Ausstellung einer unangenehmen Realität. Auf Al-Hawajris Bildern sind es israelische Soldaten oder Siedler, es ist die meterhohe Trennmauer, es sind Straßensperren aus Beton, die den vermeintlichen Frieden auf den alten Meistern stören.

Aber zunächst zur Person des Künstlers: 1976 wird er in einem Flüchtlingslager in Gaza geboren, wo er heute noch lebt und arbeitet. Mit Anfang zwanzig nimmt er erstmals an Sommerakademien teil, stellt aus, gewinnt Preise. Seit den 2010er Jahren werden seine Werke auch international gezeigt. In Gaza ist er Mitbegründer der Künstlergruppe Eltiqa.

Den ersten großen Krieg, den Gaza unter Blockade 2008/09 erleidet, erlebt er 32-jährig und reagiert darauf zunächst mit Ironie, schwarzem Humor und zynischen Comics. Als er sich an das Projekt »Guernica – Gaza« macht, will er die Realität seiner Lebenssituation darstellen, des palästinensischen Alltags unter israelischer Besatzung und Blockade. Er will ethnische Ausgrenzung, Gewalt, Zerstörung, Attentate, Mord darstellen. Er ist der Überzeugung, dass Gewalt zum Menschen gehört, Gewalt habe es immer schon gegeben seit dem Brudermord Kains an Abel, Gewalt stecke in den Herzen der Menschen, unabhängig von ihrer Herkunft, von Religion oder Ethnie. Es sei ein Thema, das uns alle überall angeht.

Al-Hawajri verwendet Vorlagen von van Gogh, Chagall, Millet, Vermeer, Whistler, Picasso, Goya, Delacroix, Dalí, Munch und Tiepolo. Er sucht sich international anerkannte Werke großer Meister aus, die, wie er sagt, »uns ein enormes künstlerisches und historisches Erbe hinterlassen haben, in dem sie Gewalt und Menschlichkeit gemeinsam abbilden.« Er bearbeitet diese Bilder mit Photoshop und anderen modernen Techniken – für ihn eine Möglichkeit, seinem eigenen Schmerz, seinem Trauma mit künstlerischen Mitteln ein Ventil zu öffnen.

An dieser Stelle möchte ich nur beispielhaft zwei seiner Werke beschreiben. Sehen wir uns zuerst *Inspiré De La Promenade – Marc Chagall (1917)* an, das – wie der Titel schon sagt – von Chagalls *La Promenade* inspiriert ist. Das Original zeigt im Vordergrund das Selbstporträt des strahlenden Chagall, gut gekleidet, lachend, über ihm fliegt, an seiner Hand gehalten, seine lächelnde Frau Bella wie eine Fahne im Wind. Ihr rosafarbenes Kleid mit seiner kostbaren Ornamentik scheint die ekstatische Bewegung des Fluges zu unterstreichen, die ornamentale Formschichtung zieht sich durch das ganze Bild. Ein üppig gemustertes rotes Picknicktuch unten links, darüber ein paar blaue Zweige, die ins Bild ragen, und im Hintergrund rechts eine rosafarbene Kirche brechen farblich mit dem Hintergrund, in dem Wiese, Wald und Häuser in grüne kubische Muster gegliedert sind. Chagall malte das Bild etwa 30-jährig um 1917/18 in seinem Heimatort Witebsk in Weißrussland. Es zeigt die überschwängliche Lebensfreude, die die politische Atmosphäre damals dort hervorrief – das berauschende Gefühl von Freiheit und Optimismus, das die gerade stattgefundene Oktoberrevolution mit sich brachte und mit der eine neue Phase seines künstlerischen Schaffens einherging. Gerade Juden, die erstmals Bürgerrechte zuerkannt bekamen, empfanden die Folgen der Revolution als eine echte Befreiung.

Vor diesem Hintergrund, mit dieser Empathie für Chagall platziert Al-Hawajri ein Foto der real existierenden israelischen Trennmauer aus Beton hinter die kubischen Häuser von *La Promenade*. Die graue Mauer scheint sich endlos am Bildrand hinzuziehen [das Cover dieses Buches zeigt einen Ausschnitt, der Verlag]; Bellas Hand hat sich von der Hand Chagalls gelöst, nur noch der Saum ihres Kleides und ihrer Schuhe sind am oberen Bildrand zu sehen. Der Himmel ist, anders als im Original, nicht weiß und kubisch unterteilt, sondern in realistischem Hellblau mit wenigen Wolken dargestellt. Unschwer können wir in diesem Werk die Tragik der Widersprüche erkennen: den Wunsch nach Freiheit und Selbstbestimmung, der beide Dreißigjährige zu ihren jeweiligen Kunstwerken antreibt, und die bittere Realität in Al-Hawajris Arbeit, die diesem Wunsch keine Chance lässt.

Ein weiteres Beispiel seiner Arbeit ist das Bild *La Méridienne* (Mittagspause) nach der Vorlage des gleichnamigen Werkes von Jean-François Millet, das 1865 entstand. Dort ist links im Bild ein Landarbeiterpaar zu sehen, das – offensichtlich erschöpft von schwerer körperlicher Arbeit – an einem Heuhaufen seinen Mittagsschlaf hält; im Hintergrund weidende Schafe, ein Heuwagen, zusammengebundene Garben. Was bei Millet die vielleicht verklärte Darstellung einer pastoralen Idylle ist, wird bei Al-Hawajri durch das Hinzufügen eines Panzers und israelischer Soldaten in voller Montur, die von rechts hinten auf das schlafende Paar zuzumarschieren scheinen, eine Abbildung der täglichen Realität, die palästinensische Landarbeiter erleben.

In jeder Lebenssituation kann es passieren, dass Palästinenser unvermittelt militärisch konfrontiert werden, im dicht besiedelten Gaza noch häufiger als in der besetzten Westbank. In »Guernica – Gaza« zeigt Mohammed Al-Hawajri viele solcher alltäglichen Situationen – manche gefährlich oder bedrohlich, andere tödlich. Die omnipräsente Gefahr durch das Militär; die stets spürbare existenzielle Bedrohung; Gewalt als unberechenbare Größe, die die Menschen überall begleitet und großes Leid über sie bringt – all dies vermitteln uns die Bilder der Serie »Guernica – Gaza«. Und noch eines machen sie uns deutlich: Kriege und Gewalt sind menschengemacht.

Wenn Künstlerinnen und Künstler politische Positionen in ihren Werken beziehen, so tun sie das – und hier kann ich mich selbst mit einbeziehen – so tun wir das, weil wir aufzeigen, anklagen, aber auch aufrütteln wollen. Weil wir uns wünschen, dass das Leid ein Ende hat. Und weil wir wissen: Nicht nur Kriege sind menschengemacht, sondern auch ihre Befriedung liegt in Menschenhand.

Wir Künstlerinnen und Künstler wissen, dass Kunst Zustände und Emotionen zeigen und erzeugen kann, die universalistisch sind. Konkret heißt das: Der Schrei der Mutter, die 1937 in Guernica ihr totes Kind im Arm hält, drückt denselben Schmerz aus wie ihn eine palästinensische Mutter empfindet, wenn sie ihr getötetes Kind zu Grabe trägt. Und wie eine halbe Million irakischer Mütter empfunden haben, oder heute eine russische Mutter, eine ukrainische, sudanesische oder israelische Mutter.

Kann die Kunst das Menschenrecht erkämpfen? Sie kann jedenfalls dazu beitragen, es zu thematisieren. Darum muss die Kunst frei und unabhängig bleiben. Darum muss sie gefördert und verbreitet werden. Ich persönlich habe meinen künstlerischen Output mittlerweile nicht nur als Sängerin und Schauspielerin auf der Bühne und vor der Kamera, sondern auch im Schreiben gefunden. In meinem ersten Roman, den ich gerade beendet habe, lasse ich die Figur eines Großvaters sagen:

»Was gäbe ich darum, wenn das Trennende nichtig werden würde und wir uns endlich darauf besinnen, was uns eint! Eines Tages wird es so kommen, es kann nicht anders sein.«

PS:
Als ich Mohammed Al-Hawajri mitteilte, dass wir seine Bilder anlässlich der Geburtstagsmatinee von Norman Paech ausstellen würden, schrieb er diese Zeilen im April 2023:

»Unfortunately I was not fortunate enough to meet Mr. Norman in Kassel. But I am very happy to know him and cooperate with him. He is a wonderful human being.

I hope that the celebration will also be wonderful. How I wish I could be with you at this party.

I hope there will be a chance to meet all of you.

Best regards from Gaza
Mohammad Al-Hawajri«

Karsten Nowrot

Schritte auf dem steinigen und schweren Verhandlungsweg

Völkerrechtliche Überlegungen zu
Friedensermöglichungsstrategien für den Ukraine-Konflikt

Auftakt
Die Suche nach geeigneten Friedensermöglichungsstrategien für den Ukrainekrieg stellt aktuell zweifelsohne eine der zentralen Herausforderungen im internationalen System dar. Dabei wird bekanntermaßen gerade auch die Möglichkeit einer Verhandlungslösung als potenzieller Ansatz für die Beendigung dieses Konflikts auf politischer Ebene und in der Öffentlichkeit immer wieder intensiv und durchaus kontrovers diskutiert. Bislang vergleichsweise wenig im Blickpunkt der öffentlichen Diskussionen – aber dessen ungeachtet gerade auch im Kontext des Ukraine-Konflikts nicht weniger interessant und praxisrelevant – ist dabei gerade auch die Frage nach den völkerrechtlichen Herausforderungen im Zusammenhang mit einer Verhandlungslösung als potenzieller Friedensermöglichungsstrategie. Diese Fragestellung soll daher im Zentrum der im Folgenden angestellten Überlegungen stehen.

Die friedliche Streitbeilegung als internationales Rechtsprinzip: Zwei Realisierungsdimensionen
Verhandlungen, verstanden als Gespräche zwischen den Konfliktparteien, welche auf die Lösung einer internationalen Streitigkeit ausgerichtet sind,[1]

---

1   Vgl. auch u. a. V. Epping, Die friedliche Streitbeilegung, in: K. Ipsen (Hg.), Völkerrecht, 7. Aufl., 2018, § 59, Rn. 6; J. Klabbers, International Law, 3. Aufl., 2021, 156.

sind seit langem als ein Mittel der friedlichen Streitbeilegung im internationalen System anerkannt und in der Praxis weit verbreitet.[2] Dies verdeutlicht beispielsweise bereits der Umstand, dass Verhandlungen im Rahmen der – allerdings nur exemplarisch zu verstehenden – Aufzählung von Mitteln friedlicher Streitbeilegung in Art. 33 Abs. 1 der Charta der Vereinten Nationen (UN-Charta) in prominenter Weise an erster Stelle genannt werden.

Die Regelung des Art. 33 Abs. 1 UN-Charta ist dabei als eine von insgesamt zahlreichen normativen Manifestationen der bereichsübergreifenden Verpflichtung zur friedlichen Beilegung von Streitigkeiten als eines der zentralen Grundprinzipien der zwischenstaatlichen Beziehungen in der heutigen Völkerrechtsordnung zu verstehen. Ihre wesentliche völkervertragsrechtliche Verankerung findet diese Verpflichtung, neben ihrer Erwähnung in Art. 1 Ziff. 1 UN-Charta, vor allem in Art. 2 Ziff. 3 UN-Charta, demzufolge alle Mitglieder der Vereinten Nationen »ihre internationalen Streitigkeiten durch friedliche Mittel so bei[legen], dass der Weltfriede, die internationale Sicherheit und die Gerechtigkeit nicht gefährdet werden«.[3] Darüber hinaus kann die Verpflichtung zur friedlichen Streitbeilegung aber auch völkergewohnheitsrechtliche Geltung beanspruchen.[4] Die gerade auch rechtspraktische Bedeutung dieser positivrechtlichen Verhaltensvorgabe für die zwischenstaatlichen Beziehungen zeigt sich dabei nicht zuletzt an dem Umstand, dass die Verpflichtung zur friedlichen Beilegung internationaler Streitigkeiten gleichsam naturgemäß eine enge Verbindung im Sinne eines Komplementärverhältnisses zum völkerrechtlichen Gewaltverbot als einem weiteren zentralen Grund-

---

2 Zu dieser Wahrnehmung überdies u. a. A. Peters/A. Petrig, Völkerrecht – Allgemeiner Teil, 5. Aufl., 2020, 411 (»Verhandlungen sind das traditionelle und heute noch hauptsächliche Mittel der internationalen Streitbeilegung.«); C. Rose, International Dispute Settlement, in: dies. u. a. (Hg.), An Introduction to Public International Law, 2022, 162 (167) (»When seeking to resolve their disputes, states turn most frequently to negotiations.«); M. N. Shaw, International Law, 9. Aufl., 2021, 882 (»Of all the procedures used to resolve differences, the simplest and most utilised form is understandably negotiation.«).

3 Eingehend zu dieser Bestimmung und ihrem Regelungsinhalt C. Tomuschat, in: B. Simma/D.-E. Khan/G. Nolte/A. Paulus (Hg.), The Charter of the United Nations – A Commentary, Bd. 1, Art. 2 (3), Rn. 2 ff.

4 IGH, Case Concerning Military and Paramilitary Activities in and against Nicaragua, (Nicaragua v. Vereinigte Staaten von Amerika), ICJ-Reports 1986, 14 (145).

prinzip der heutigen Völkerrechtsordnung aufweist.[5] Der positivrechtlich relevante Inhalt des völkerrechtlichen Gewaltverbots wird in Art. 2 Ziff. 4 UN-Charta in folgender Weise zusammengefasst: »Alle Mitglieder unterlassen in ihren internationalen Beziehungen jede gegen die territoriale Unversehrtheit oder die politische Unabhängigkeit eines Staates gerichtete oder sonst mit den Zielen der Vereinten Nationen unvereinbare Androhung oder Anwendung von Gewalt«.[6] Im Lichte des völkerrechtlichen Gewaltverbots stellt sich das Gebot der friedlichen Streitbeilegung in der heutigen internationalen Rechtsordnung somit gerade auch als ein Verbot der Beilegung internationaler Streitigkeiten mit militärischen Mitteln dar.

Will man die tatsächliche Komplexität der praktischen Wirkungs- und Anwendungsdimensionen des Konzepts der friedlichen Streitbeilegung im Wege einer Systematisierung etwas reduzieren,[7] so lassen sich im Grundsatz zwei Dimensionen bzw. Funktionen der friedlichen Beilegung von Streitigkeiten im internationalen System unterscheiden. Zum einen können die Mittel friedlicher Streitbeilegung wie Verhandlungen von ihrer Funktion her als Mechanismen der Konfliktprävention qualifiziert werden, deren Zwecksetzung gerade auch in der effektiven Verhinderung des Ausbruchs zwischenstaatlicher militärischer Konflikte und der damit verbundenen Bedrohungen für den Weltfrieden und die internationale Sicherheit zu sehen ist. Dieses Verständnis als Konfliktpräventionsansatz spiegelt dabei die heute dominierende Wirkungsdimension der friedlichen Streitbeilegung wider, welche überdies mit der Geltung des völkerrecht-

---

5   Zu dieser engen Verbindung vgl. auch u. a. G. Dahm/J. Delbrück/R. Wolfrum, Völkerrecht, Bd. I/3, 2. Aufl., 2002, 834; Epping (Fn. 1), Rn. 2.

6   Allgemein und eingehender zum Rechtscharakter und Regelungsgehalt des völkerrechtlichen Gewaltverbots siehe z. B. IGH, Case Concerning Armed Activities on the Territory of the Congo (Democratic Republic of Congo v. Uganda), ICJ-Reports 2005, 168 (223) (»The prohibition against the use of force is a cornerstone of the United Nations Charter.«); S. Wittich, Das Gewaltverbot, in: A. Reinisch (Hg.), Österreichisches Handbuch des Völkerrechts, Bd. I, 6. Aufl., 2021, 425 ff.; A. Randelzhofer/O. Dörr, in: B. Simma u. a. (Fn. 3), Art. 2 (4), Rn. 14 ff.

7   Zu dieser Zwecksetzung von Systematisierungsansätzen N. Luhmann, Soziologie als Theorie sozialer Systeme, Kölner Zeitschrift für Soziologie und Sozialpsychologie 19 (1967), 615 (618 ff.); ders., Soziale Systeme – Grundriß einer allgemeinen Theorie, 4. Aufl., 1993, 12, 50 und passim.

lichen Gewaltverbotes in der internationalen Rechtsordnung korrespondiert. Zum anderen stellen Verhandlungen und andere Mittel der friedlichen Beilegung internationaler Streitigkeiten aber funktional betrachtet auch potenzielle Mechanismen der Konfliktbeendigung dar; sie finden also auch in solchen Fallkonstellationen Anwendung, in denen zwischenstaatliche bewaffnete Konflikte bereits ausgebrochen sind. Die Beendigung militärischer Auseinandersetzungen zwischen Staaten durch Verhandlungen und, im Anschluss an deren erfolgreichen Abschluss, durch Friedensverträge ist in der Praxis des internationalen Systems ein seit sehr langer Zeit wohlbekanntes und vielbeobachtetes Phänomen.

Friedliche Streitbeilegung und ihre völkerrechtlichen Kontexte: Zwischen gestern und heute
Wenn aber Verhandlungen schon so lange nicht zuletzt auch als Mittel der Konfliktbeendigung im internationalen System anerkannt sind und praktiziert werden, wo ist dann aus der Perspektive des Völkerrechts im Hinblick auf den aktuellen Ukrainekrieg gleichsam das Problem bzw. die Herausforderung? Mit anderen Worten: Was ist heute anders?

Zur Beantwortung dieser Frage erscheint es hilfreich, sich zunächst in Erinnerung zu rufen, dass der Anwendungsbereich der internationalen Rechtsordnung in früheren Zeiten vergleichsweise beschränkt gewesen ist. Viele zwischenstaatliche Interaktionen im internationalen System waren völkerrechtlich kaum oder sogar gar nicht normiert. Dies gilt namentlich für die grundsätzliche rechtliche Zulässigkeit bzw. Unzulässigkeit grenzüberschreitender militärischer Gewaltanwendung,[8] aber auch – und mit dem Vorgenannten eng verbunden – beispielsweise für die völkerrechtliche Statthaftigkeit und internationale Anerkennungsfähigkeit von Gebietsveränderungen gegen den Willen der hiervon betroffenen Staaten. Weiterhin trifft dies unter anderem, um nur noch ein weiteres Beispiel zu nennen, auf die individuelle völker(straf)rechtliche Verantwortlichkeit von Einzelpersonen für ihr Verhalten im Kontext bewaffneter Konflikte zu.

---

8 Allgemein zur Entwicklung des völkerrechtlichen Gewaltverbots statt vieler A. von Arnauld, Völkerrecht, 5. Aufl., 2023, Rn. 1037 ff.

Zugegebenermaßen lassen sich auch in früheren Zeiten bereits in gewissem Umfang völkerrechtliche Vorgaben nachweisen, welche nicht zuletzt in Zeiten des Krieges Geltung beanspruchten. Dies trifft beispielsweise auf das im Hinblick auf seine Ursprünge schon vergleichsweise alte Neutralitätsrecht zu.[9] Gleichwohl waren, wie bereits hervorgehoben, namentlich die Bewertung der völkerrechtlichen Zulässigkeit militärischer Gewaltanwendung im zwischenstaatlichen Kontext an sich sowie vor allem auch die Phasen der Konfliktbeendigung und der Konfliktnachsorge, verstanden als die Folgenbewältigung nach dem Ende einer zwischenstaatlichen bewaffneten Auseinandersetzung, allenfalls in Ansätzen und grundsätzlich nur sehr punktuell durch die internationale Rechtsordnung normiert. Exemplarisch sei hier zur Illustration nur auf ein aus anderen Gründen durchaus bekanntes Urteil des United States Supreme Court vom Januar 1900 hingewiesen, in der das Gericht über die Existenz einer Regelung des Völkergewohnheitsrechts zu entscheiden hatte, die es verbietet, in Kriegszeiten speziell kleinere Küstenfischerboote der gegnerischen Seite zu beschlagnahmen;[10] eine Fragestellung, die für die betroffenen kubanischen Fischer zweifelsohne erhebliche Bedeutung hatte, aber aus der Perspektive der Völkerrechtsordnung insgesamt und ihrer übergreifenden Relevanz in der Konfliktbeendigung und -nachsorge doch wohl eher als eine sehr punktuelle Normierung bzw. möglicherweise sogar als eine bloße Petitesse anzusehen ist.

Als Konsequenz dieser vormals eher sehr beschränkten Reichweite der internationalen Rechtsordnung ist im Hinblick auf die Konfliktbeendigung durch Verhandlungen und Friedensverträge zwischen den Konfliktparteien zu konstatieren, dass die entsprechenden Modalitäten und die inhaltlichen Ausgestaltungen in früheren Zeiten kaum völkerrechtlich

---

9   Eingehender zum Neutralitätsrecht und seinen Ursprüngen W. Heintschel von Heinegg, Neutralitätsrecht, in: Ipsen (Fn. 1), § 66, Rn. 1 ff. Zur aktuellen Relevanz dieses Rechtsgebiets namentlich im Hinblick auf die völkerrechtliche Bewertung von Waffenlieferungen an die Ukraine siehe z. B. C. Schaller, Der völkerrechtliche Rahmen für Waffenlieferungen an die Ukraine, Archiv des Völkerrechts 60 (2022), 439 (449 ff.); A. Wentker, Kriegspartei? Sicherheitspolitischer Diskurs und Völkerrecht im Ukraine-Krieg, Die Öffentliche Verwaltung 2022, 988 ff.; P. Clancy, Neutral Arms Transfers and the Russian Invasion of Ukraine, International and Comparative Law Quarterly 72 (2023), 527 ff.

10 US Supreme Court, The Paquete Habana/The Lola, 175 U.S. 677, 686 ff. (1900).

mitdeterminiert gewesen sind. So wie es sich bei den kriegerischen Auseinandersetzungen selbst um ein im Wesentlichen politisches Phänomen handelte, stellten sich auch die Modalitäten von Kriegsbeendigungen und Friedensschlüssen, sei es in Gestalt des Westfälischen Friedens im Jahre 1648 oder auch beispielsweise des Friedens von Riga zur Beendigung des polnisch-sowjetischen Krieges aus dem Jahre 1921, so gut wie ausschließlich als ein Metier der – insoweit völkerrechtsungebundenen – Politik dar; und damit in der Praxis im Wesentlichen zunächst einmal als eine Angelegenheit der siegreichen Staaten und/oder der jeweiligen Großmächte, welche insoweit keine weitergehenden internationalrechtlichen Rahmenvorgaben zu beachten hatten.

Die Ausgangssituation stellt sich aus der Perspektive der internationalen Rechtsordnung allerdings heute in sehr grundsätzlicher Weise anders dar. Namentlich seit der Mitte des 20. Jahrhunderts haben sich der Anwendungsbereich des Völkerrechts und der Detail- sowie Ausdifferenzierungsgrad seiner Regelungsstrukturen in erheblichem und historisch präzedenzlosem Umfang erweitert bzw. erhöht. Dies gilt nicht zuletzt für den Bereich der zwischenstaatlichen bewaffneten Konflikte. Die Sicherung des Weltfriedens und der internationalen Sicherheit, das Wiederherstellen des Friedens nach Konflikten sowie die Förderung von innerstaatlichen Strukturen, welche bewaffneten Auseinandersetzungen nachhaltig entgegenwirken, sind heute gerade auch eine Aufgabe des Völkerrechts. Als Konsequenz der zunehmenden Verwirklichung der diese Entwicklung anleitenden Ordnungsidee einer »Konstitution des Friedens als Rechtsordnung«[11] sind nicht zuletzt die bewaffneten Konflikte selbst einschließlich ihrer Folgen sowie der in diesem Zusammenhang von Individuen begangenen Handlungen in sehr weitgehender Weise international verrechtlicht worden. Sowohl die Zulässigkeit grenzüberschreitender militärischer Gewaltanwendung als auch unter anderem das Verhalten von Einzelpersonen in diesem Kontext unterliegen völkerrechtlichen Begrenzungen und haben gegebenenfalls – in Rechtsverletzungskonstellationen – normative Konsequenzen zur Folge. Die völkerrechtliche Erfassung der entsprechen-

---

11 Grundlegend J. Delbrück / K. Dicke, Zur Konstitution des Friedens als Rechtsordnung, in: U. Nerlich / T. Rendtorff (Hg.), Nukleare Abschreckung – Politische und ethische Interpretationen einer neuen Realität, 1989, 797 ff.

den Sachverhalte ermöglicht damit in umfassender Weise ihre rechtliche Bewertung, Aufarbeitung und Folgenbewältigung.

Dieser Befund trifft natürlich auch auf die Möglichkeit einer juristischen Erfassung des aktuellen Krieges in der Ukraine zu. Der gegenwärtige bewaffnete Konflikt beruht auf einer völkerrechtswidrigen Aggression von Seiten der Russischen Föderation, einem offensichtlichen und gravierenden Verstoß gegen das in Art. 2 Ziff. 4 UN-Charta statuierte und darüber hinaus auch Geltung als Völkergewohnheitsrecht beanspruchende völkerrechtliche Gewaltverbot.[12] Gleiches gilt unter anderem für die am 30. September 2022 von Russland erklärte Eingliederung der vier ukrainischen Regionen Cherson, Donezk, Luhansk und Saporischschja in sein Staatsgebiet, welche als eine aus mehreren Gründen – nicht zuletzt wiederum aufgrund eines Verstoßes gegen das internationalrechtliche Gewaltverbot – völkerrechtswidrige Annexion zu qualifizieren ist.[13] Diese Aggressionshandlungen, ebenso wie die während des Konflikts bereits begangenen Kriegsverbrechen und Verbrechen gegen die Menschlichkeit, führen überdies – unabhängig von einzelnen rechtlichen Durchsetzungsherausforderungen im vorliegenden Kontext, die hier nicht näher behandelt werden können[14] – zu einer individuellen völkerstrafrechtlichen Ver-

---

12 Vgl. hierzu im Hinblick auf den russischen Angriff auf die Ukraine UN GA-Res. ES-11/1, Aggression against Ukraine, UN Doc. A/RES/ES-11/1 v. 18.3.2022, paras. 1 ff.; siehe nachfolgend auch UN GA-Res. ES-11/5, Furtherance of Remedy and Reparation for Aggression against Ukraine, UN Doc. A/RES/ES-11/5 v. 15.11.2022, para. 1; UN GA-Res. ES-11/6, Principles of the Charter of the United Nations Underlying a Comprehensive, Just and Lasting Peace in Ukraine, UN Doc. A/RES/ES-11/6 v. 2.3.2023, para. 5; vgl. überdies u. a. C. Binder, Der russische Angriffskrieg gegen die Ukraine: Eine völker- und menschenrechtliche Einordnung, in: S. Hansen/O. Husieva/K. Frankenthal (Hg.), Russlands Angriffskrieg gegen die Ukraine, 2023, 227 (228 ff.); R. Uerpmann-Wittzack, Der Angriff auf die Ukraine: Eine Zeitenwende?, 2022, 18 ff.; C. Schaller, Der Angriff auf die Ukraine im Lichte des Völkerrechts, Neue Juristische Wochenschrift 2022, 832 ff.

13 Hierzu UN GA-Res. ES-11/4, Territorial Integrity of Ukraine: Defending the Principles of the Charter of the United Nations, UN Doc. A/RES/ES-11/4 v. 13.10.2022, paras. 2 ff.; F. Boor/K. Nowrot, Hier passt nichts – Zur völkerrechtlichen (Un-)Zulässigkeit der Annexion der ukrainischen Oblaste Luhansk, Donezk, Saporischschja und Cherson durch die Russische Föderation, Ukraine-Krieg und Recht 2022, 557 ff.

14 Eingehender hierzu z. B. S. Bock, Völkerstrafrechtliche Herausforderungen des Ukraine-Kriegs, Ukraine-Krieg und Recht 2022, 64 ff.; E. Fesefeldt, Ein langer Weg – Die Ukraine, der Internationale Strafgerichtshof und das Rom-Statut, Ukraine-Krieg

antwortlichkeit der beteiligten Personen. Dies verdeutlichen nicht zuletzt die vom Internationalen Strafgerichtshof im März 2023 gegen *Vladimir Vladimirovich Putin* und *Maria Alekseyevna Lvova-Belova* wegen des Verdachts der Begehung von Kriegsverbrechen erlassenen Haftbefehle.[15]

Darüber hinaus begründet der Verstoß gegen das völkerrechtliche Gewaltverbot im Lichte der völkergewohnheitsrechtlichen Grundsätze der Staatenverantwortlichkeit eine positivrechtliche Verpflichtung der Russischen Föderation zur Wiedergutmachung des durch diese Handlungen der Ukraine, aber auch anderen, beispielsweise die ukrainischen Kriegsflüchtlinge aufnehmenden Staaten, entstandenen Schadens.[16] Schließlich, um nur noch einen weiteren Aspekt hervorzuheben, unterliegen alle Staaten einer Verpflichtung, die infolge eines schwerwiegenden Verstoßes gegen zwingendes Völkerrecht wie dem Gewaltverbot zustande gekommenen faktischen territorialen Neuordnungen und Zustände nicht anzuerkennen.[17]

Die in diesen normativen Handlungsvorgaben und juristischen Bewertungsmöglichkeiten ihren deutlichen Ausdruck findende, zunehmende Verrechtlichung der Interaktionen in zwischenstaatlichen bewaffneten Konflikten ist zunächst einmal ganz allgemein – und damit weit über den aktuellen Ukrainekrieg hinaus – natürlich auch sehr begrüßenswert. Die-

---

und Recht 2022, 107 ff.; A. Zimmermann/A.-C. Berdefy, Strafverfolgung und Beendigung von Straflosigkeit angesichts des russischen Angriffskriegs gegen die Ukraine – Möglichkeiten und Erfolgsaussichten der Einrichtung eines Sondertribunals für das Verbrechen der Aggression, Ukraine-Krieg und Recht 2023, 164 ff.

15 Siehe hierzu nur S. Bock/F. Gruber, Der Haftbefehl gegen den russischen Präsidenten Vladimir Putin – Hintergründe und Folgen, Ukraine-Krieg und Recht 2023, 161 ff.

16 Speziell im aktuellen Kontext des Ukraine-Krieges vgl. u. a. C. Tomuschat, Russlands Überfall auf die Ukraine – Der Krieg und die Grundfragen des Rechts, Osteuropa 72 (2022), 33 (39 ff.); S. Kadelbach/P. Lorenz, Russische Vermögenswerte für den Wiederaufbau der Ukraine?, Juristen-Zeitung 2023, 729 (736 ff.).

17 Grundlegend und eingehender hierzu z. B. IGH, Legal Consequences for States of the Continued Presence of South Africa in Namibia (South West Africa) Notwithstanding Security Council Resolution 276 (1970), Advisory Opinion, ICJ-Reports 1971, 16 (54 ff.); IGH, Legal Consequences of the Construction of a Wall in the Occupied Palestinian Territory, Advisory Opinion, ICJ-Reports 2004, 136 (200); IGH, Accordance with International Law of the Unilateral Declaration of Independence in Respect of Kosovo, Advisory Opinion, ICJ-Reports 2010, 403 (437 ff.); Art. 41 Abs. 2 Draft Articles on Responsibility of States for International Wrongful Acts, with Commentaries, in: Yearbook of the International Law Commission 2001, Vol. II, Part Two, 113 ff.

ses nunmehr im Vergleich zu früheren Zeiten sehr viel inhaltsreichere und damit gehaltvollere Völkerrecht schafft auf der Grundlage der in ihm statuierten Verhaltensvorgaben für Staaten, Individuen und weitere auf internationaler Ebene relevante Wirkungseinheiten einen detaillierten normativen Ordnungsrahmen für die Interaktionen der verschiedenen Akteure im internationalen System. Es stabilisiert damit die entsprechenden Verhaltenserwartungen dieser vielfältigen Wirkungseinheiten[18] sowie – in der Rechtsverletzungskonstellation – ihre jeweiligen Gerechtigkeits- und Genugtuungsansprüche.

Mit dem Effektivitäts- und Beachtungsanspruch der internationalen Rechtsordnung ist zum einen in präventiver Hinsicht die Erwartung verbunden, dass die staatlichen und nichtstaatlichen Akteure sich an die an sie adressierten völkerrechtlichen Verpflichtungen halten und ihr Verhalten daran ausrichten;[19] und dies ist ja auch – allen spektakulären und bedauernswerten Ausnahmen zum Trotz – weiterhin der Normalfall im internationalen System.[20] Zum anderen bietet die heutige internationale Rechtsordnung für den Fall eines völkerrechtswidrigen Verhaltens und damit einer Enttäuschung der entsprechenden Verhaltenserwartungen in repressiver bzw. gleichsam kurativer Hinsicht – gerade auch im Kontext bewaffneter Konflikte – vorhersehbare und damit verlässliche sowie berechenbare Instrumente rechtlicher Folgenbewältigung, welche idealerweise normative Leitlinien auch für die Konfliktbeendigung und Konfliktnachsorge wie beispielsweise in Gestalt des Völkerstrafrechts,[21] der Verpflichtung zur Nichtanerkennung sowie des Rechts der Staatenverantwortlichkeit bereithalten.

---

18 Allgemein zu dieser Funktion des Rechts N. Luhmann, Rechtssoziologie, 4. Aufl., 2008, 80 ff.; ders., Das Recht der Gesellschaft, 1995, 124 ff.; sowie im Grundsatz auch H. Arendt, Vita activa oder Vom tätigen Leben, 2007, 313 (»Inseln des Voraussehbaren«).

19 Exemplarisch zu dieser präventiven Dimension speziell im Kontext des Völkerstrafrechts ICTY, Prosecutor v. Krajišnik, IT-00-39-T, Urteil v. 27.9.2006, Rn. 1136; ICTY, Prosecutor v. Babic, IT-03-72-S, Urteil v. 29.6.2004, Rn. 45; G. Werle / F. Jeßberger, Völkerstrafrecht, 5. Aufl., 2020, Rn. 122 ff.

20 L. Henkin, How Nations Behave, 2. Aufl., 1979, 47 (»It is probably the case that almost all nations observe almost all principles of international law and almost all of their obligations almost all of the time.«).

21 Zur Relevanz des Völkerstrafrechts im Kontext der Konfliktnachsorge vgl. u. a. M. Krajewski, Völkerrecht, 3. Aufl., 2023, § 11, Rn. 16; Bock (Fn. 14), 64 f.

Zur heutigen Verrechtlichung bewaffneter Konflikte – und einigen Konsequenzen

Zwar stellt sich der namentlich seit der Mitte des 20. Jahrhunderts in den vergangenen Jahrzehnten erfolgte und fortgesetzte Prozess einer zunehmenden internationalen Verrechtlichung gerade auch zwischenstaatlicher bewaffneter Konflikte somit aus vielerlei Gründen als grundsätzlich sehr begrüßenswert dar. Gleichwohl ist dabei nicht zu verkennen, dass mit dieser Entwicklung auch Herausforderungen verbunden sind. Diese werden nicht zuletzt im Kontext der Suche nach Konfliktbeendigungsoptionen im Wege von Verhandlungen sichtbar.

Das Völkerrecht, ebenso wie das Recht allgemein, ist, soweit es die Bewertung von Sachverhalten und Handlungen zum Gegenstand hat, prinzipiell so etwas wie ein starres, binär ausgestaltetes System. Ein Verhalten und ein Zustand sind entweder rechtmäßig oder rechtswidrig – *tertium non datur*. Dieses Charakteristikum führt zwangsläufig auch zu einer Einschränkung politischer Handlungsspielräume. Hierbei handelt es sich zunächst natürlich auch um eine zentrale Zwecksetzung des Rechts. Gleichzeitig erschwert es aber die Ermöglichung von Verhandlungslösungen auf der Basis von Kompromissen. Recht ist in einigen Bereichen gleichsam kompromisslos. Dies gilt vor allem für die zwingenden Normen des Völkerrechts (*ius cogens*), zu denen unstrittig das Gewaltverbot und nach zutreffender Auffassung unter anderem auch die Verbrechenstatbestände des Völkerstrafrechts gezählt werden.[22]

Die sich aus der überragenden Bedeutung der positivrechtlichen Wertsetzungen namentlich des *ius cogens* im geltenden Völkerrecht potenziell ergebenden Herausforderungen bei der Suche nach Konfliktbeendigungsoptionen in Gestalt von Verhandlungen könnten dabei möglicherweise gerade auch im aktuellen Kontext des Ukrainekrieges durchaus sehr praxisrelevant werden. So stellt sich beispielsweise die Frage, ob die Russische Föderation und die Ukraine im Rahmen von zukünftigen Verhandlungsgesprächen mit dem Ziel einer Konfliktbeendigung eine Einschränkung

---

22 In diesem Sinne auch beispielsweise schon Dahm/Delbrück/Wolfrum (Fn. 5), 716; S. Hobe, Einführung in das Völkerrecht, 11. Aufl., 2020, 174; K. Schmalenbach, in: O. Dörr/K. Schmalenbach (Hg.), Vienna Convention on the Law of Treaties – A Commentary, 2. Aufl., 2018, Art. 53, Rn. 75.

der Verfolgbarkeit begangener völkerstrafrechtlicher Verbrechen, die Etablierung von alternativen außergerichtlichen Verfahren der Aufarbeitung von Straftaten oder gar eine (Teil-)Amnestie überhaupt völkerrechtlich wirksam vereinbaren könnten. Hierbei handelt es sich um Regelungsinhalte, die in früheren Zeiten, also vor Herausbildung des modernen Völkerstrafrechts, durchaus nicht selten Bestandteil von Friedensverträgen gewesen sind.[23]

Unabhängig von der Frage, welche Konsequenzen sich aus einer solchen Vereinbarung für die Strafverfolgungsmöglichkeiten der in der Ukraine begangenen Völkerrechtsverbrechen vor dem Internationalen Strafgerichtshof und den nationalen Gerichten von Drittstaaten ergeben würden, lässt sich angesichts der völkerrechtlichen Praxis der vergangenen Jahrzehnte durchaus gut vertreten, dass namentlich pauschale Amnestien für begangene völkerrechtliche Verbrechen sich als grundsätzlich unvereinbar mit der allen Staaten obliegenden Pflicht zur Verfolgung und Bestrafung entsprechender Straftaten darstellen.[24] Im Lichte des Charakters dieser Verpflichtung als zwingendes Völkerrecht (*ius cogens*) wäre eine entsprechende völkervertragsrechtliche Vereinbarung demgemäß auf der Basis von Art. 53 des Wiener Übereinkommens über das Recht der Verträge (WVRK)[25] bzw. auf der Grundlage parallelen Völkergewohnheitsrechts wegen Verstoßes gegen *ius cogens* als nichtig anzusehen.[26] Diese Einschränkung der politischen Entscheidungsfreiheit von Staaten kann als folgerichtiger Ausdruck der nicht zur einzelstaatlichen Disposition stehenden Unabhängigkeit des internationalen Strafjustizsystems wahrgenommen werden. Gleichzeitig ist aber auch nicht zu verkennen, dass sie einer schnellen Konfliktbeendigung auf dem Verhandlungsweg und damit

---

23 Siehe hierzu nur K. Kreß, International Criminal Law (March 2009), Rn. 18, in: A. Peters (Hg.), Max Planck Encyclopedia of Public International Law, Online-Edition, erhältlich unter: www.mpepil.com/ (zuletzt besucht am 2. September 2023).

24 Vgl. u. a. ICTY, Prosecutor v. Furundzija, IT-95-17/1-T, Urteil v. 10.12.1998, Rn. 155; A. Seibert-Fohr, Amnesties (February 2018), Rn. 9 ff., in: Peters (Fn. 23); von Arnauld (Fn. 8), Rn. 1384.

25 Wiener Übereinkommen über das Recht der Verträge v. 23. Mai 1969, BGBl. 1985 II, 926.

26 Allgemein hierzu statt vieler Dahm / Delbrück / Wolfrum (Fn. 5), 707 ff.; K. Schmalenbach, in: Dörr / Schmalenbach (Fn. 22), Art. 53, Rn. 24 ff.

der möglichen Einleitung eines umfassenderen Friedensprozesses abträglich sein kann.[27]

Abgesehen von der völkerrechtlichen Zulässigkeit spezifischer inhaltlicher Regelungen eines möglichen, als Ergebnis von Verhandlungen vereinbarten Konfliktbeendigungsabkommens stellt sich aber aus einer übergreifenden Perspektive insbesondere auch die Frage, ob eine aller Wahrscheinlichkeit nach von Kompromissen geprägte Art von Friedensvertrag zwischen der Ukraine und der Russischen Föderation – unabhängig von der potenziellen Beteiligung weiterer Staaten als Vertragsparteien – in der aktuellen Situation überhaupt in wirksamer Weise abgeschlossen werden könnte.[28] Gemäß Art. 52 WVRK bzw. parallelem Völkergewohnheitsrecht[29] ist nämlich ein Vertrag nichtig, wenn sein Abschluss unter Androhung oder Anwendung von Gewalt unter Verletzung der in der UN-Charta niedergelegten Grundsätze erfolgt ist.

Diese Regelung unterstreicht und ergänzt die zentrale Bedeutung des völkerrechtlichen Gewaltverbots in der heutigen internationalen Rechtsordnung.[30] Von ihrer Rechtsfolge der Nichtigkeit *ab initio*[31] sind schon nach dem Wortlaut sowie im Lichte des Sinn und Zwecks der Vorschrift dabei in umfassender Weise[32] gerade auch solche vertraglichen Regelungsinhalte erfasst, die ein Staat ansonsten – also in Abwesenheit einer Gewaltandrohung bzw. -anwendung – prinzipiell zum Gegenstand einer völkerrechtlichen Vereinbarung machen könnte. Dies gilt beispielsweise für den (teilweisen) Verzicht auf Wiedergutmachung nach den Grundsätzen

---

27 Allgemein zu dieser Perspektive auch bereits u. a. Krajewski (Fn. 21), § 11, Rn. 17 f. u. 89.

28 Siehe zum Folgenden beispielsweise auch C. Walter, Der Ukraine-Krieg und das wertebasierte Völkerrecht, Juristen-Zeitung 77 (2022), 473 (481).

29 IGH, Fisheries Jurisdiction Case (UK v. Iceland), ICJ-Reports 1973, 3 (14); K. Schmalenbach, in: Dörr/Schmalenbach (Fn. 22), Art. 52, Rn. 53.

30 Eingehender zu dieser Vorschrift, ihren Hintergründen, Tatbestandsmerkmalen und Rechtsfolgen K. Schmalenbach, in: Dörr/Schmalenbach (Fn. 22), Art. 52, Rn. 2 ff.; H. G. de Jong, Coercion in the Conclusion of Treaties – A Consideration of Articles 51 and 52 of the Convention on the Law of Treaties, Netherlands Yearbook of International Law 15 (1984), 209 (220 ff.); H. Brosche, Zwang beim Abschluß völkerrechtlicher Verträge, 1974, 47 ff., 90 ff., 170 ff.

31 Hierzu K. Schmalenbach, in: Dörr/Schmalenbach (Fn. 22), Art. 52, Rn. 42 f.

32 Vgl. auch Art. 44 Abs. 5 WVRK.

der Staatenverantwortlichkeit, die Einwilligung in eine Gebietsabtretung oder die Zustimmung zu einer Sezession bzw. Separation eines Teils des Staatsgebietes. Unter den gegenwärtigen Umständen des fortdauernden völkerrechtswidrigen Angriffskrieges, aber auch für den Fall eines Waffenstillstands mit fortgesetzter militärischer Besetzung von Teilen des ukrainischen Territoriums bzw. der Drohung mit einer Wiederaufnahme der Kampfhandlungen durch die Russische Föderation, lässt sich zweifelsohne mit sehr guten Gründen argumentieren, dass jede völkervertragsrechtliche Vereinbarung, die mit Zugeständnissen auf Seiten der Ukraine verbunden ist, im Lichte des Art. 52 WVRK *ab initio* und *ex lege*[33] keinerlei Rechtswirkung entfalten würde.

Diese knappen Überlegungen illustrieren bereits, dass sich das Völkerrecht und der mit ihm verbundene Effektivitäts- und Beachtungsanspruch durchaus potenziell auch als eine Art von »Hindernis« auf dem Weg zu einer – sehr wahrscheinlich nicht zuletzt durch Kompromisse geprägten – Verhandlungslösung mit dem Ziel einer baldigen Konfliktbeendigung und damit der Vermeidung weiterer Leiden gerade für die betroffene Zivilbevölkerung erweisen kann. Im Kontext des Ukrainekrieges wird damit ein Spannungsverhältnis zwischen der gerade auch aus humanitären Erwägungen wünschenswerten Beendigung des bewaffneten Konflikts und der hiermit verbundenen Hoffnung auf die Einleitung eines nachhaltigen Friedensprozesses auf der einen Seite und der internationalen Rechtsdurchsetzung in Gestalt der Aufrechterhaltung von anderen völkerrechtlichen Grundwerten sowie der Sanktionierung ihrer Verletzung auf der anderen Seite deutlich.[34]

Möglichkeiten einer Auflösung des Spannungsverhältnisses zwischen Rechtsdurchsetzung und Konfliktbeendigung
Will man das im Vorgenannten identifizierte Dilemma nicht einfach hinnehmen und gleichsam auf Kosten von verhandlungsbasierten Friedensermöglichungsstrategien einseitig zugunsten der Rechtsdurchsetzung lö-

---

33 Hierzu K. Schmalenbach, in: Dörr / Schmalenbach (Fn. 22), Art. 52, Rn. 38 ff.
34 In diesem Sinne auch Walter (Fn. 28), 481; sowie allgemein im Kontext des Völkerstrafrechts Krajewski (Fn. 21), § 11, Rn. 18.

sen, stellt sich die Frage, ob das geltende Völkerrecht – und nur aus dieser rechtsorientierten Perspektive soll die Situation hier betrachtet werden – konzeptionelle Ansätze bereithält, um einen angemessenen Ausgleich zwischen den im konkreten Fall konfligierenden Wertsetzungen zu erzielen.

Dabei scheint das internationale Rechtssystem im Hinblick auf seine Ordnungsstrukturen zunächst einmal denkbar ungeeignet für die Erfüllung einer solchen Aufgabe. Das internationale System ist in rechtlicher Hinsicht seiner Struktur nach vornehmlich nichthierarchisch und dezentral organisiert. Kennzeichnend für die internationale Rechtsordnung ist der Umstand, dass sie sowohl in Bezug auf die Rechtssetzung als auch die Rechtsdurchsetzung ganz überwiegend auf das dezentrale Handeln der einzelnen Staaten angewiesen ist.[35] Das vorliegende Spannungsverhältnis kann jedoch schon aus Gründen der gebotenen übergreifenden Legitimation einer solchen Entscheidung sowie im Lichte der regelmäßig vorhandenen Machtasymmetrien nicht auf einzelstaatlicher Ebene durch die Konfliktparteien selbst oder gegebenenfalls unter Mitwirkung weiterer individueller Länder allein in anerkennungswürdiger Weise aufgelöst werden. Insbesondere würde eine solche Vorgehensweise auch das Konzept des *ius cogens* und die rechtliche Bindungswirkung des Völkerrechts insgesamt in fundamentaler Weise in Frage stellen. Vielmehr bedarf es für die gleichsam autoritative Herstellung eines angemessenen Ausgleichs im Sinne praktischer Konkordanz[36] zentraler internationaler Rechtsordnungsinstanzen.

Bei der Suche nach einschlägigen Instanzen fällt der Blick der Völkerrechtlerin und des Völkerrechtlers – beinahe naturgemäß – auf den UN-Sicherheitsrat. Und in der Tat hat dieses Hauptorgan der Vereinten Nationen Ende der 1990er Jahre im Kontext des Jugoslawien-Konflikts namentlich im Zusammenhang mit dem Kosovo unter Inanspruchnahme seiner Kompetenzen nach Kapitel VII UN-Charta entsprechende Abkommen und die völkerrechtlich relevante Zustimmung zu Erklärungen ausdrücklich be-

---

35 Eingehender hierzu statt vieler G. Dahm / J. Delbrück / R. Wolfrum, Völkerrecht, Bd. I/1, 2. Aufl., 1989, 42 ff., 89 ff.

36 Grundlegend aus verfassungsrechtlicher Perspektive K. Hesse, Grundzüge des Verfassungsrechts der Bundesrepublik Deutschland, 20. Aufl., 1995, Rn. 317 ff.

stätigt und ihre Implementierung durch Jugoslawien verlangt,[37] welche nicht gegen einen Angreiferstaat im Sinne des Art. 75 WVRK gerichtet waren[38] und überdies mit guten Gründen als im Hinblick auf die Situation Jugoslawiens in den Anwendungsbereich des Art. 52 WVRK fallend qualifiziert werden können.[39]

Trotz aller gegen diese Vorgehensweise geäußerten und durchaus beachtlichen Vorbehalte,[40] erscheint es im Prinzip auch zustimmungswürdig, dem UN-Sicherheitsrat – schon im Lichte der Gebotenheit einer Auflösung des vorliegenden Spannungsverhältnisses durch zentralisierte Entscheidungsinstanzen sowie der diesem Organ durch die UN-Mitgliedstaaten gemäß Art. 24 Abs. 1 UN-Charta übertragenen Hauptverantwortung für die Wahrung des Weltfriedens und der internationalen Sicherheit – im Rahmen seiner Kompetenzen nach Kapitel VII UN-Charta grundsätzlich auch die Befugnis zuzumessen, ein solches Konfliktbeendigungsabkommen gleichsam *ex post* zu validieren und ihm damit in gemäß Art. 25 UN-Charta allgemein verbindlicher Weise völkerrechtliche Wirksamkeit zu verleihen, welches unter Heranziehung des Art. 52 WVRK eigentlich keinerlei Rechtswirkung entfalten würde.[41] Dies gilt insbesondere für den Fall, dass die Mitglieder des UN-Sicherheitsrats zu der Über-

---

37 Vgl. insbesondere UN SC Res. 1203 v. 24.10.1998. Siehe überdies u.a. UN SC Res. 1244 v. 10.6.1999; vgl. hierzu auch im vorliegenden Kontext des Art. 52 WVRK S. Forlati, Coercion as a Ground Affecting the Validity of Peace Treaties, in: E. Cannizzaro (Hg.), The Law of Treaties Beyond the Vienna Convention, 2011, 320 (327 ff.); G. H. Fox, Humanitarian Occupation, 2008, 181 ff.; K. Schmalenbach, in: Dörr/Schmalenbach (Fn. 22), Art. 52, Rn. 49.

38 Eingehender zu dieser Konstellation S. Malawer, Imposed Treaties and International Law, California Western International Law Journal 7 (1977), 1 (136 ff.); K. Schmalenbach, in: Dörr/Schmalenbach (Fn. 22), Art. 52, Rn. 48; H. Krieger, in: Dörr/Schmalenbach (Fn. 22), Art. 75, Rn. 1 ff.

39 Zu dieser Wahrnehmung vgl. z. B. M. Roscini, Threats of Armed Force and Contemporary International Law, Netherlands International Law Review 54 (2007), 229 (259 ff.); E. Milano, Security Council Action in the Balkans: Reviewing the Legality of Kosovo's Territorial Status, European Journal of International Law 14 (2003), 999 (1007 ff.); anders demgegenüber u. a. A. Aust, Modern Treaty Law and Practice, 2. Aufl., 2007, 318.

40 Deutlich kritisch z. B. Milano (Fn. 39), 1015 ff.

41 In diesem Sinne auch bereits u.a. K. Schmalenbach, in: Dörr/Schmalenbach (Fn. 22), Art. 52, Rn. 50; Forlati (Fn. 37), 329; sowie speziell im Kontext des Ukrainekrieges auch z. B. Walter (Fn. 28), 481.

zeugung gelangen, dass eine solche Vorgehensweise im konkreten Fall eine angemessene Möglichkeit darstellt, um den Konflikt in effektiver Weise zu beenden und damit die internationale Sicherheit zu fördern. Die Vorrangklausel des Art. 103 UN-Charta, deren Anwendungsbereich sich auch auf Resolutionen des UN-Sicherheitsrates nach Kapitel VII UN-Charta erstreckt, verhindert – jedenfalls nach hier vertretener Auffassung[42] – in einem solchen Fall die Möglichkeit der betroffenen Vertragspartei, sich auf die Rechtsfolge des Art. 52 WVRK berufen zu können.[43]

Ein potenzieller Regelungsgegenstand eines solchen, vom Sicherheitsrat nachträglich bestätigten und damit völkerrechtlich validierten Friedensermöglichungsabkommens könnte dabei in zulässiger Weise unter anderem auch die Vereinbarung einer – allein auf bilateraler, zwischenstaatlicher Ebene nicht konsentierbaren – Einschränkung der Verfolgbarkeit von während des Ukrainekrieges begangenen Völkerrechtsverbrechen oder die Einigung auf ähnliche oben bereits angeführte Mechanismen sein. Bereits die in Art. 16 des Statuts des Internationalen Strafgerichtshofs[44] normierte Kompetenz des UN-Sicherheitsrats, im Wege einer nach Kapitel VII UN-Charta angenommenen Resolution das Gericht zu ersuchen,

---

42 Dieser Befund ist allerdings in Bezug auf die gerade auch im vorliegenden Kontext relevante Frage des Verhältnisses zwischen Art. 103 UN-Charta und Normen mit *ius cogens*-Charakter durchaus umstritten. Vgl. hierzu beispielsweise die Ausführungen des Richters *ad hoc Lauterpacht* in seiner »Separate Opinion« in: IGH, Case Concerning Application of the Convention on the Prevention and Punishment of the Crime of Genocide (Bosnien-Herzegowina v. Yugoslavien (Serbien und Montenegro)), ICJ-Reports 1993, 407 (440) (»The concept of *jus cogens* operates as a concept superior to both customary international law and treaty. The relief which Article 103 of the Charter may give the Security Council in case of conflict between one of its decisions and an operative treaty obligation cannot – as a matter of simple hierarchy of norms – extend to a conflict between a Security Council resolution and *jus cogens*. Indeed, one only has to state the opposite proposition thus – that a Security Council resolution may even require participation in genocide – for its unacceptability to be apparent.«); eingehender zu dieser Fragestellung u. a. A. Orakhelashvili, The Impact of Peremptory Norms on the Interpretation and Application of United Nations Security Council Resolutions, European Journal of International Law 16 (2005), 59 ff.

43 So auch u. a. bereits K. Schmalenbach, in: Dörr/Schmalenbach (Fn. 22), Art. 52, Rn. 50; vgl. überdies z. B. Fox (Fn. 37), 184 f.

44 Römisches Statut des Internationalen Strafgerichtshofs v. 17.7.1998, BGBl. 2000 II, 1394 mit nachfolgenden Änderungen.

zeitlich befristet – aber mit einer Erneuerungsoption – die Einleitung bzw. Fortführung von Ermittlungen und Strafverfolgungen auszuschließen,[45] indiziert die grundsätzliche rechtliche Anerkennung einer beschränkten Dispositionsbefugnis dieses Gremiums im vorliegenden Kontext. Auch unabhängig von solchen Einzelregelungen wird man aber aus der Perspektive der UN-Charta selbst, einschließlich der Vorrangklausel des Art. 103 UN-Charta, zutreffenderweise annehmen können, dass der UN-Sicherheitsrat in Ausübung seiner Kompetenzen nach Kapitel VII UN-Charta auch weitergehende Vereinbarungen im Bereich der völkerstrafrechtlichen Verfolgungseinschränkung bestätigen und ihnen damit allgemein verbindliche Rechtswirksamkeit verleihen kann, so dies im konkreten Fall nach Auffassung seiner Mitglieder zur Wahrung des Weltfriedens und der internationalen Sicherheit geboten erscheint.[46]

Ausklang: Der Schwierigkeitsgrad des Verhandlungswegs
Im Lichte der in diesem Beitrags angestellten Überlegungen ist deutlich geworden, dass aus der Perspektive der heutigen internationalen Rechtsordnung im Hinblick auf eine Verhandlungslösung als potenzielle Konfliktbeendigungsoption für den aktuellen russischen Angriffskrieg gegen die Ukraine durchaus erhebliche Herausforderungen zu konstatieren sind. Vor diesem Hintergrund ist hier überdies der Versuch unternommen worden, einen Weg für eine mögliche verfahrensmäßige Vorgehensweise für die Beendigung des Ukrainekrieges im Rahmen des geltenden Völkerrechts aufzuzeigen.

Ob von einer solchen Option unter zentraler Mitwirkung des UN-Sicherheitsrates überhaupt, und wenn ja wann sowie unter welchen Bedingungen, in der Praxis Gebrauch gemacht werden wird, ist auch aktuell weiterhin kaum vorhersehbar. Hierbei handelt es sich im Wesentlichen um eine politische Entscheidung – und sie stellt sich keineswegs als einfach dar. Mit

---

45 Eingehender zu dieser Regelung und der bisherigen – allerdings durchaus umstrittenen – Praxis des UN-Sicherheitsrates in diesem Zusammenhang vgl. u.a. UN SC Res. 1422 v. 12.7.2002; UN SC Res. 1487 v. 12.6.2003; Krajewski (Fn. 21), § 11, Rn. 89 ff.; M. Bergsmo/D. Zhu, in: K. Ambos (Hg.), Rome Statute of the International Criminal Court: Article-by-Article Commentary, 4. Aufl., 2022, Art. 16, Rn. 7 ff.

46 Zum grundsätzlichen Vorrang der Friedenssicherung gegenüber einer Durchsetzung des Völkerstrafrechts vgl. allgemein auch u.a. Krajewski (Fn. 21), § 11, Rn. 18.

anderen Worten: Das Völkerrecht hält mögliche und zulässige Friedensermöglichungsstrategien – unter bestimmten Bedingungen auch in Gestalt
einer Verhandlungslösung – bereit; sie im Interesse einer nachhaltigen Friedenssicherung optimal zu nutzen, erfordert jedoch von allen beteiligten Akteuren so etwas wie große politische Klugheit und Umsicht.

So gilt es nicht zuletzt im Lichte des Beachtungsanspruchs des Völkerrechts sowie der unbestreitbaren erheblichen Vorteile der in den vergangenen Jahrzehnten erreichten Verrechtlichung der internationalen Beziehungen im Rahmen der inhaltlichen Gestaltung eines vom UN-Sicherheitsrat
zu bestätigenden Konfliktbeendigungsabkommens übermäßige Zugeständ-
nisse an den Aggressor Russland ebenso zu verhindern, wie ein hiermit
korrespondierendes übermäßiges Entgegenkommen von der Ukraine ein-
zufordern. Weiterhin sind die möglichen Signale und Fernwirkungen einer
solchen Vorgehensweise für den fortdauernden Effektivitätsanspruch der
internationalen Rechtsordnung in Europa, aber natürlich auch in anderen
Teilen der Welt, zu bedenken und in angemessener Weise zu berücksichtigen. Überdies, um nur noch einen weiteren Gesichtspunkt anzuführen,
stellt sich die Frage, wie sichergestellt werden kann, dass sich die Konfliktparteien, einschließlich der Russischen Föderation, auch aus Eigeninteresse
idealerweise sehr langfristig an die erzielte Vereinbarung halten werden.

Im Angesicht dieser und weiterer Herausforderungen könnte sich
die – namentlich auch im Hinblick auf seine ständigen Mitglieder gemäß
Art. 23 Abs. 1 UN-Charta zu konstatierende – politisch heterogene Zu-
sammensetzung des UN-Sicherheitsrates, welche dieses Organ so oft in
seiner Handlungsfähigkeit einschränkt, ebenso wie die Notwendigkeit,
auch zumindest einige der nichtständigen Mitglieder überzeugen zu müssen, im vorliegenden Fall als eine Rahmenbedingung erweisen, die der
Suche nach einer für alle beteiligten Akteure tragfähigen und akzeptablen
Vereinbarung förderlich ist und dabei insbesondere verhindert, dass die
Konfliktbeendigung einseitig zu Lasten der Ukraine sowie der Grundwerte des heutigen Völkerrechts erfolgt. Nochmals: Einfach wird das nicht,
aber es hat ja auch zu Recht bislang kein ernstzunehmender Akteur behauptet, dass es unter den aktuellen Umständen eine einfache Lösung für
die Beendigung des Ukrainekrieges und die Einleitung eines nachhaltigen
Friedensprozesses gibt.

Norman Paech

Über den mühseligen Weg der internationalen Justiz aus dem Zirkel der Machtpolitik

> »Niemals vergessen, dass nach dem gleichen Maß, mit dem wir die Angeklagten heute messen, auch wir morgen von der Geschichte gemessen werden.«
> (Robert H. Jackson, Anklagerede, Nürnberger Prozess 1945)[1]

In jüngster Zeit hat der Krieg Russlands gegen die Ukraine die Diskussion um die Möglichkeiten der internationalen Justiz im Krieg und insbesondere die Nachfrage nach dem Einsatz des Strafrechts sehr belebt. Das war nicht immer so. Die großen Kriege der USA und NATO gegen Vietnam, Afghanistan, Irak, Libyen und Syrien blieben weitgehend im Schatten der internationalen Gerichtsbarkeit, und auch im Jugoslawienkrieg blieben die Angreifer ungeschoren. Der erst 2002 eingerichtete Internationale Strafgerichtshof (IStGH) widmete sich lieber den Kriegsverbrechen in Afrika und war damit genügend beschäftigt.

Erste Versuche internationaler Strafverfolgung
Sieger haben immer schon über die Besiegten zu Gericht gesessen. Das Bedürfnis jedoch, eine universelle Verantwortlichkeit und Haftung für Verbrechen im Krieg einzuführen, ist erst mit der Internationalisierung der Schlachtfelder und den zunehmend unkontrollierbar und grausamer werdenden Auswirkungen der modernen Waffentechnologie im 20. Jahr-

---

1 Robert H. Jackson, Anklagerede vom 21. November 1945, in: Der Prozess gegen die Hauptkriegsverbrecher vor dem Internationalen Gerichtshof Nürnberg, 14. November 1945 – 1. Oktober 1946, Bd. 2, Nürnberg 1947, S. 118.

hundert aufgekommen. Erste Überlegungen, eine Haftung für schwere Kriegsverbrechen durch ein internationales Abkommen zu kodifizieren, wurden 1907 mit der IV. Haager Konvention unternommen. In Art. 3 wurde eine Individualhaftung, allerdings noch ohne Strafverfolgung, formuliert. Doch erst das Grauen des Ersten Weltkriegs und die zahlreichen in ihm begangenen Verbrechen veranlassten die Alliierten, ihre Gegner nach Beendigung des Krieges bis in die Spitzen der Regierung strafrechtlich zur Verantwortung zu ziehen. Im Versailler Vertrag von 1919 verankerten sie in Art. 227 ff. die strafrechtliche Verfolgung des deutschen Kaisers Wilhelm II. und der politisch Verantwortlichen des Deutschen Reiches vor einem internationalen Gericht. Sie scheiterte allerdings an der Flucht des abgedankten Kaisers in die Niederlande und die Weigerung des Gastlandes, ihn auszuliefern. Auch die Entscheidung, die Strafverfolgung von über 900 Militär- und Zivilpersonen, deren Auslieferung die Alliierten wegen des Verdachts schwerer Kriegsverbrechen gefordert hatten, den Deutschen zu überlassen, erwies sich als Fehler. Von den 861 Fällen, die bis 1927 vom Reichsgericht behandelt wurden, führten nur 13 zu einer Verurteilung. Alle anderen Verfahren endeten mit einem Einstellungsbeschluss, der letzte erging 1931. Einige Verurteilungen wurden später wieder aufgehoben.[2]

Noch einmal versuchte der Völkerbund einen internationalen Strafgerichtshof zur Verfolgung von internationalen Verbrechen einzurichten, als 1934 in Marseille König Alexander von Jugoslawien und der französische Innenminister Barthou einem Attentat zum Opfer fielen. Aber die beiden Entwürfe zu einem entsprechenden Staatenabkommen blieben ohne Resonanz.

Das Scheitern des Reichsgerichts ließ nur eine Folgerung zu. Man durfte den Staaten nicht die Strafverfolgung ihrer eigenen Kriegsverbrecher überlassen. Deswegen kamen die Alliierten schon während des Zweiten Weltkriegs überein, vor einem Internationalen Tribunal exemplarisch die hochrangigsten militärischen und zivilen Kriegsverbrecher zur Verantwortung zu ziehen. Es waren allerdings nicht die Alliierten, die als erste von einer gerichtlichen Ahndung der Kriegsverbrechen sprachen, sondern

---

2   Vgl. grundlegend Gerd Hankel, Die Leipziger Prozesse, Hamburg 2003.

die Vertreter der Exilregierungen von neun besetzten Ländern. Sie bildeten am 13. Januar 1942 im St. James Palace in London die Inter-Alliierte Kommission zur Bestrafung von Kriegsverbrechen und traten mit der sogenannten Erklärung von St. James an die Öffentlichkeit. Sie warnten vor Vergeltung durch Racheakte und meinten, »der Gerechtigkeitssinn der zivilisierten Welt (…) verlange, dass die Signatarmächte es zu einem ihrer Hauptkriegsziele erklärten, jene, die sich dieser Verbrechen schuldig gemacht hätten oder die dafür verantwortlich seien, sei es dass sie sie befohlen, begangen oder gemeinschaftlich mit anderen ausgeführt haben, in einem Gerichtsverfahren abzuurteilen und zu bestrafen«.[3]

Churchill und Roosevelt griffen die Idee später auf, und auch Stalin befürwortete einen Internationalen Gerichtshof. Allerdings blieben die Russen der noch im Jahr 1943 in London gegründeten United Nations War Crimes Commission (UNWCC) fern. Sie sollte Beweismaterial über die Kriegsverbrechen sammeln und sichten. Auf der Moskauer Konferenz Anfang November 1943 wurden der Kommission dann die Hauptkriegsverbrecher entzogen, um ihre Bestrafung den Alliierten selbst vorzubehalten – »sie werden durch gemeinsamen Beschluss der Regierungen der Verbündeten bestraft werden«, hieß es im letzten Absatz der Moskauer Erklärung.

Die Internationalen Militärtribunale 1945
So gelang erst im dritten Anlauf nach dem Zweiten Weltkrieg die Errichtung internationaler Militärtribunale mit eigener Strafrechtsordnung in Nürnberg und Tokio. Die quantitative Dimension und die Ungeheuerlichkeit der begangenen Verbrechen waren zweifellos ausschlaggebend für den Konsens der Staaten, einen so folgenschweren Schritt mit so vielen ungelösten Fragen so entschlossen zu unternehmen. Denn hier handelte es sich nicht nur um die strafrechtliche Verarbeitung der Vergangenheit, sondern um die Eignung des Strafrechts, präventiv zur Verhütung staatlicher Verbrechen und kollektiver Destruktivität in diesen Dimensionen wirken zu können. Sodann griff hier das Strafrecht von den klassischen Bereichen sozialer Kriminalität über in das bisherige Sanktuarium der staatlichen Politik, die es kriminalisiert. Diese Grenze war bisher nicht nur durch den

---

3 Zitiert nach Telford Taylor, Die Nürnberger Prozesse, München 1992, S. 41.

Schild der Souveränität geschützt, sondern es war durchaus fraglich, ob das Politische überhaupt den Kategorien des Juristischen zugänglich sei und ihnen unterworfen werden könne.

Hannah Arendt und Karl Jaspers waren sich z. B. einig, dass der Völkermord der Nazis juristisch überhaupt nicht fassbar sei: »Das Böse hat sich als radikaler erwiesen als vorgesehen. Äußerlich gesprochen: Die modernen Verbrechen sind im Dekalog nicht vorgesehen«. »Diese Verbrechen lassen sich, scheint mir, juristisch nicht mehr fassen, und das macht gerade ihre Ungeheuerlichkeit aus. Für diese Verbrechen gibt es keine angemessene Strafe mehr; Göring zu hängen, ist zwar notwendig aber völlig inadäquat. Das heißt, diese Schuld, im Gegensatz zu aller kriminellen Schuld, übersteigt und bricht alle Rechtsordnungen«, schrieb Arendt. Und Jaspers antwortete ihr anlässlich des Eichmann-Prozesses: »Das Politische hat einen mit Rechtsbegriffen nicht einzufangenden Rang (der Versuch, dies zu tun, ist angelsächsisch und eine Selbsttäuschung zur Verschleierung einer Grundtatsache der Wirkungen politischen Daseins).«[4]

Obwohl die UNWCC eher ein Schattendasein bei der Beweissammlung für Kriegsverbrechen führte, entsprach sie doch ganz wesentlich dem, was sich mit der Zeit als ein zentraler Aspekt von Sinn und Zweck der Strafverfolgung herausstellte. Der US-amerikanische Chefankläger Justice Robert H. Jackson formulierte es folgendermaßen: »Eine gut dokumentierte historische Darstellung dessen, was nach unserer Überzeugung ein großangelegter, konzertierter Plan war, die Aggressionen und Barbareien anzuzetteln und zu verüben, die die Welt schockiert haben (…) Wenn wir diese (Nazi-)Bewegung nicht klar und präzise dokumentieren, dann können wir künftigen Generationen keinen Vorwurf daraus machen, wenn sie die im Krieg geäußerten allgemeinen Beschuldigungen in Friedenszeiten für unglaublich halten. Wir müssen unglaubliche Ereignisse durch glaubwürdige Beweise festhalten.«[5]

In den komplizierten Londoner Verhandlungen im Juli 1945 konnten sich die vier Delegationen – Frankreich war anders als bei den parallelen

---

4   Hannah Arendt / Karl Jaspers, Briefwechsel 1926-1969, München/Zürich 1993, S. 202, 90, 450.
5   Zitiert nach T. Taylor (Anm. 1), S. 74.

Verhandlungen in Potsdam hinzugekommen – schließlich auf ein Statut als Grundlage des Tribunals einigen. In ihm wurde neben Kriegsverbrechen, Verbrechen gegen die Menschlichkeit in Art. 6 auch das »Verbrechen gegen den Frieden: Nämlich Planen, Vorbereitung und Einleitung oder Durchführung eines Angriffskrieges« als Straftatbestand aufgenommen. Dies hatte Jackson zum obersten Ziel des Prozesses erklärt, um nicht nur für diesen Fall, sondern ein für alle Mal den Angriffskrieg zu illegalisieren.

Es ist fast schon vergessen, dass die deutschen Gerichte und Politiker nur unwillig und gezwungenermaßen (Kontrollratsgesetz Nr. 10, 1945-1951) die Prinzipien von Nürnberg übernahmen. In einer Entscheidung vom 9. Januar 1959 sprach der Bundesgerichtshof nur das aus, was die Mehrzahl der Juristen und ein großer Teil der Bevölkerung über den Wert der Urteile dachte, »dass die Bundesrepublik Urteile wegen Verbrechen gegen die Menschlichkeit und wegen Kriegsverbrechen nicht anerkennen wollte, weil sie rechtliche Bedenken wegen der Art hatte, in der ein Teil der Urteile zustande gekommen war und wegen des sachlichen Rechts, auf dem sie beruhen.«[6] Man wollte die Urteile über die Verbrechen lieber den Strafgerichten der Deutschen selbst überlassen.

Die Prozesse selbst, einschließlich des von Tokio[7] und seiner Folgeprozesse,[8] haben genügend Material zusammengetragen, um die literarische

---

6 Bundesgerichtshof (BGH) Aktenzeichen Ge 2 Ars 59/59, zitiert nach Jörg Friedrich: Nürnberg und die Folgen, in: Das Parlament Nr. 18-19, v. 28. 4./5. Mai 1995, S. 13.

7 Die Charta des »International Military Tribunal for the Far East« (IMTFE) war vom Oberbefehlshaber der Alliierten Streitkräfte in Japan, MacArthur, am 19. Januar 1946 erlassen worden und basierte weitgehend auf dem Nürnberger Statut. Das »Tokio Trial« vom 3. Mai 1946 bis 12. November 1948 wurde gegen 28 Regierungsmitglieder und hohe Militärs durchgeführt. Sechs wurden zum Tode verurteilt und hingerichtet, 16 zu einer lebenslangen Freiheitsstrafe und einer (Togo) zu 20 Jahren Haft verurteilt. Die umfangreichen Prozessmaterialien sind in 22 Bänden von R. J. Britchard, S. M. Zaide: The Tokyo War Crimes Trial. New York 1981, dokumentiert.

8 Laut UN-Law-Reports handelt es sich um 89 Verfahren wegen Kriegs- und Humanitätsverbrechen. Ferner wurden von den Gerichten der pazifischen Siegermächte (USA, Großbritannien, Australien, Frankreich, VR China und Philippinen) 2.244 Verfahren gegen 5.700 Japaner durchgeführt, von denen anschließend 900 aufgrund Todesurteils hingerichtet wurden. Daneben gab es noch zahlreiche Verfahren vor sowjetischen Gerichten. Die statistischen Zahlen sind immer noch unsicher, vgl. Philip R. Picigallo: The Japanese on Trial. Allied War Crimes Operations in the East, 1945-1951. Austin 1979, S. 263 ff.

Produktion immer von neuem anzureizen. Andererseits sind die Materialien und Protokolle der 12 von den Amerikanern allein durchgeführten Nürnberger Nachfolgeprozesse bisher immer noch nicht in einer deutschen Ausgabe zugänglich.[9] Das historische Kapitel »Nürnberger Prozesse« ist noch lange nicht abgeschlossen.

Ein Internationaler Gerichtshof
Schon unmittelbar nach Beendigung des Nürnberger Tribunals hatte die UN-Generalversammlung der Internationalen Völkerrechtskommission den Auftrag gegeben, die Grundlagen für einen ständigen Gerichtshof zu entwickeln. Er sollte kein Sondertribunal wie das Nürnberger Gericht und später die Tribunale für Jugoslawien und Ruanda werden, sondern eine eigenständige Organisation auf vertraglicher Basis. Es waren nicht so sehr die juristischen Fragen des Prozessrechts, die die Verhandlungen in die Länge zogen, sondern die Vorbehalte der Souveränität und Immunität für ihr eigenes Personal, die schließlich die Großmächte davon abhielten, dem Ergebnis beizutreten.

Immerhin gibt es seit 2002 einen Internationalen Strafgerichtshof (IStGH) in Den Haag, nachdem schon am 17. Juli 1998 das Römische Statut verabschiedet worden war, welches das Strafrecht enthält, nach dem in Den Haag seitdem Recht gesprochen wird. 123 Staaten sind dem Gericht bis heute beigetreten, darunter alle EU-Staaten, nicht aber so kriegserfahrene Länder wie China, Indien, Israel, Türkei, Russland und USA. Burundi ist im Oktober 2017 wieder ausgeschieden, die Philippinen 2019, Südafrika und Gambia haben ihre Austrittsankündigung wieder zurückgezogen.

Bei den Straftatbeständen folgte man den Nürnberger Prinzipien und fügte den »Kriegsverbrechen« und »Verbrechen gegen die Menschlichkeit« noch den Tatbestand des »Völkermordes« hinzu. Die Strafbarkeit des Angriffskrieges – im Römischen Statut »Aggression« – war bereits im Nürnberger Statut enthalten, aber umstritten. Die Franzosen hatten Be-

---

9 Die einzige vollständige Dokumentation der Prozessmaterialien sind die von den damaligen Beratern der amerikanischen Richter Drexel A. Sprecher und J. H. E. Fried herausgegebenen 14 Bände »Trials of War Criminals before the Nuernberg Military Tribunals«, Washington D. C., 1950-53. Sie wurden an alle westdeutschen Gerichte verteilt, tauchten aber bald in Antiquariats-Buchhandlungen auf.

denken, man könne niemand wegen einer Handlung bestrafen, die bis dahin nicht strafbar war, und verwiesen auf das damals wie heute gültige Verbot der Rückwirkung. Deswegen wurde in Nürnberg niemand allein wegen Angriffskrieg verurteilt, sondern nur in Verbindung mit einem der anderen Verbrechen.

Die Schwierigkeiten mit dem »Angriffskrieg« als Straftatbestand dauerten aber auch nach seiner Umbenennung in »Aggression« an. Man konnte sich lange Zeit nicht einigen, was darunter zu verstehen sei. Insbesondere die USA befürchteten, dass ihre militärischen Interventionen, die sie vorwiegend als »humanitäre Interventionen« rechtfertigen, nun auf einmal strafbar seien. Völkerrechtswidrig waren sie zwar, wie die UN-Generalversammlung wiederholt festgestellt hatte, aber ihre Aufnahme in einen Katalog von Kriegsverbrechen mit der Gefahr einer Strafverfolgung, das war eine neue Qualität.

Erst 2010, als sich die Vertragsstaaten auf ihrer ersten Überprüfungskonferenz in Kampala/Uganda trafen, gelang es, eine Definition zu vereinbaren, die in Art. 8bis Römisches Statut aufgenommen wurde: »Verbrechen der Aggression (bedeutet) die Planung, Vorbereitung, Einleitung oder Ausführung einer Angriffshandlung, die ihrer Art, ihrer Schwere und ihrem Umfang nach eine offenkundige Verletzung der Charta der Vereinten Nationen darstellt«. Robert Jackson könnte zufrieden sein. Doch mit dem Wörtchen »offenkundig« hatten die Staaten ein Schlupfloch eingebaut, welches dem Tatbestand jede Schärfe und Bedrohlichkeit nimmt. Die USA und die NATO haben von dieser Strafvorschrift nichts zu befürchten, obwohl seit 17. Juli 2018 gem. Artikel 8 bis Römisches Statut eine Strafverfolgung für Angriffshandlungen möglich ist. Denn so offenkundig völkerrechtswidrig z. B. die Überfälle auf Jugoslawien 1999, Irak 2003 und Libyen 2011 gewesen sind und die Kriegführung der USA und ihrer Koalition in Syrien ohne Mandat des UN-Sicherheitsrats auch aktuell ist, es gibt genügend Stimmen und Staaten, die diese Angriffe zu rechtfertigen versuchen, sei es als »humanitäre Intervention« oder als »Selbstverteidigung«. Entscheidend ist nicht, ob die Rechtfertigung juristisch plausibel ist, sondern dass sie vorgebracht wird. So kann jede Verletzung der UN-Charta zumindest als »strittig« und nicht als »offenkundig« bezeichnet werden, um eine Anklage zu verhindern.

Die Grenzen der Strafverfolgung

Die Verantwortlichen in den USA und den übrigen NATO-Staaten hatten auch bislang schon keine Strafverfolgung wegen ihrer Kriege und Kriegsverbrechen zu befürchten – einer der zentralen Kritikpunkte an der bisherigen Rechtsprechung des Gerichtshofs. Alle Verfahren des Gerichtshofs richteten sich bis jetzt gegen Verdächtige in Afrika. Fünf Verfahren wurden durch die Regierungen der Zentralafrikanischen Republik, Mali, Uganda und Demokratische Republik Kongo selbst vor den IStGH gebracht, zwei in Libyen und Darfur/Sudan vom UN-Sicherheitsrat überwiesen, und vier Verfahren hat der Gerichtshof aus eigener Initiative begonnen wegen Verbrechen in Burundi, Elfenbeinküste, Kenia und Georgien. Auch die vier Verurteilungen wegen Kriegsverbrechen – drei Freisprüche und die Haftbefehle gegen den sudanesischen Staatschef al-Bashir und den schließlich ermordeten Muammar al-Gaddafi – ergingen alle gegen Afrikaner.

Der Krieg Russlands gegen die Ukraine hat die Situation offensichtlich stark verändert. Der IStGH scheint nun nicht mehr vom Widerstand der NATO-Mächte gebremst, sondern nachhaltig gefordert zu werden. Er erließ zum ersten Mal einen Haftbefehl gegen einen Staatsmann auf der nördlichen Erdhälfte, gegen Wladimir Putin. Doch ist es mehr als zweifelhaft, dass der Gerichtshof solch einen Strafbefehl gegen westliche mögliche Kriegsverbrecher wie Netanjahu, Macron oder Biden erlassen könnte. Ebenso schien sich bei den Vorermittlungen die Anklagevertretung des IStGH unter der Chefanklägerin Fatou Bom Bensouda (Gambia) von der Fixierung auf den afrikanischen Kontinent gelöst zu haben. Es liefen Vorermittlungen zur Rolle britischer Soldaten im Gefängnis Abu Ghraib im Irak, und zu Foltervorwürfen gegen das US-Militär im Gefängnis in Bagram in Afghanistan sowie gegen die Kriegführenden im letzten Gaza-Krieg 2014.

Doch die Untersuchungen gegen die britischen Soldaten stellte Frau Bensouda gem. dem Komplementaritätsartikel 17 Rom-Statut ein, da sie der britischen Justiz zutraute, die Strafverfolgung selber durchzuführen. Die Untersuchungen gegen das US-Militär stellte Bensoudas Nachfolger Karim Khan ein, da er keine Erfolgsaussichten sah – US-Präsident Trump hatte ja schon vorher gegenüber Frau Bensouda unmissverständlich zu verstehen gegeben, dass er keine Untersuchungen in den USA dulden würde. Khan wollte sich stattdessen den möglichen Kriegsverbrechen der

Taliban in Afghanistan zuwenden. Auch die im Jahr 2021 angekündigten Untersuchungen in Israel und Palästina wegen des Gaza-Krieges 2014, der Siedlungspolitik in den besetzten Gebieten des Westjordanlands und der über 100 Toten während des Erinnerungsmarsches 2018 in Gaza an der Grenze zu Israel haben bisher keine Aktivitäten der Anklagebehörde erkennen lassen. Israel hat den Zutritt zu seinem Territorium und den besetzten Gebieten strikt untersagt. So gab es schon früher Untersuchungen zu Palästina und Irak, die zu nichts führten.

Die Zweifel an dem Gerichtshof entzünden sich nicht daran, dass er die Falschen in Afrika vor seine Schranken geholt oder ungerechte Urteile gefällt hätte. Dem Gerichtshof sind in vielen Fällen die Hände gebunden, er ist vielmehr ein Instrument in den Händen der Staaten, die sich vor seiner Verfolgung zu schützen wissen. Er kann keine Ermittlungen gegen Politiker des Westens von sich aus einleiten, bei denen der dringende Verdacht auf schwere Kriegsverbrechen vorliegt, wie George W. Bush, Donald Rumsfeld und Dick Cheney wegen des Überfalls auf Irak oder Ehud Olmert, Ehud Barak oder Benjamin Netanjahu wegen der Kriege gegen Gaza. Denn weder die USA noch Israel sind Mitglied des Gerichtshofes, für ihre Verfolgung wäre ein Mandat des Sicherheitsrats notwendig, welches immer am Veto der USA scheitern wird. Der IStGH hätte allerdings Tony Blair wegen Großbritanniens Beteiligung am Krieg gegen Irak zur Verantwortung ziehen können, weil Großbritannien das IGH-Statut unterzeichnet und ratifiziert hat.

Die jüngsten Pläne der NATO-Staaten, Präsident Putin wegen des Verbrechens der Aggression gem. Art. 8 bis Rom-Statut vor Gericht zu stellen, scheitern zunächst an der Ermittlungsschranke des § 15 bis Abs. 5 Rom-Statut, die die Gerichtsbarkeit für das Aggressionsverbrechen nur auf Vertragsstaaten beschränkt. Der Tatbestand des Aggressionsverbrechens ist erst 2010 auf der Konferenz in Kampala/Uganda zu den anderen Tatbeständen hinzugefügt worden. Dabei waren es vor allem die USA, Frankreich und Großbritannien, die die Gerichtsbarkeit auf die Vertragsstaaten beschränkten und Nichtvertragsstaaten – also z.B. USA, VR China, Russland und Indien – davon ausnahmen, selbst wenn deren Staatsangehörige Verbrechen auf dem Gebiet einer Vertragspartei begehen. Das wurde noch einmal 2017 in einem Beschluss zur Aktivierung des Tatbestandes bestätigt, mit dem selbst Vertragsparteien des Römischen Statuts von der Gerichtsbarkeit wegen des Aggressionsverbrechens verschont bleiben, wenn sie wie Frankreich und Großbritannien den »Kampala-Zusatz« nicht ratifiziert haben. So blieb zunächst die Verfolgung wegen Kriegsverbrechen, Verbrechen gegen die Menschlichkeit und Völkermord, wozu die Anklagebehörde des IStGH schon am 2. März 2022 Ermittlungen aufgenommen hatte. Das ist möglich, weil die ukrainische Regierung eine Unterwerfungserklärung nach Art. 12 Abs. 3 Rom-Statut abgegeben hat. Vorausgegangen war schon am 24. Februar 2022, dem Tag des Angriffs, eine Aufforderung von 41 Mitgliedstaaten des Römischen Statuts gem. Art. 14 Rom-Statut, die sich entwickelnde Situation in der Ukraine zu untersuchen. Seit Mai 2022 sind über 40 Experten des IStGH in der Ukraine im Einsatz, 21 Staaten unterstützen sie dabei und 20 Staaten beteiligen sich an der Finanzierung. Erstes Ergebnis dieser Ermittlungen war der Haftbefehl gegen Präsident Putin und die Kommissarin für Kinderrechte Maria Aleksejewna Lwowa-Belowa wegen Verdachts des »Kriegsverbrechens der rechtswidrigen Vertreibung bzw. Überführung der Bevölkerung aus den besetzten Gebieten der Ukraine in die Russische Föderation« gem. Art. 8 Abs. 2 lit. a Ziff. vii sowie Art. 8 Abs. 2 lit. b Ziff. viii Rom-Statut.[10]

Putin vor ein Sondertribunal?
Um die von ihnen selbst aufgebaute Ermittlungsschranke des Art. 15bis Abs. 5 Rom-Statut zu überwinden, planen die Staaten nun die Errichtung eines Sondertribunals, um Präsident Putin wegen des Angriffskrieges anzuklagen. Eine Initiative ging schon Anfang März 2022 von dem ehemaligen britischen Premierminister Gordon Brown und dem ukrainischen Außenminister Dmytro Kuleba aus. Ihnen schwebte ein internationales Tribunal vor, welches auf der Basis ukrainischen Strafrechts in Verbindung mit allgemeinem Völkerrecht Ermittlungen wegen des Verbrechens der Aggression gem. Art. 8bis Rom-Statut in der Ukraine aufnehmen soll. Dieser Initiative hat sich die deutsche Außenministerin Annalena Baerbock angeschlossen.

---

10 Über die Hintergründe der Finanzierung vgl. Thomas Röper, Die EU hat den Haftbefehl gegen Putin bezahlt, Anti-Spiegel v. 21. März 2023.

Trotz einiger juristischer Schwierigkeiten wird an ihnen die Errichtung des Tribunals nicht scheitern. Es könnte sich höchstens als schwierig erweisen, eine namhafte politische Unterstützung durch die UN-Generalversammlung zu bekommen. Denn so überwältigend auch die Verurteilung der Invasion Russlands in der UN-Generalversammlung war, eine militärische oder finanzielle Unterstützung für die Verteidigung der Ukraine wollten dann nur noch 48 Staaten zusagen.[11] Entscheidend wird jedoch eine breite Staatenunterstützung sein, damit die Initiative nicht als politisches Kampfmittel der NATO in der Auseinandersetzung disqualifiziert wird. Denn so sehr auch in der westlichen Öffentlichkeit die Arbeit der beiden Tribunale gegen Jugoslawien und Ruanda gelobt wird, bei genauer Betrachtung sind sie eine Konstruktion, die nicht weiterzuempfehlen ist.[12]

Vor allem ist daran zu erinnern, dass ein Ziel der Errichtung des IStGH gerade war, Sondertribunale wie sie 1945 wegen des Fehlens einer internationalen Strafgerichtsbarkeit notwendig waren, in Zukunft zu vermeiden. Nun, da eine solche Gerichtsbarkeit vorhanden ist, bedeutet der erneute Rückgriff auf ein Tribunal eine erhebliche Schwächung der Legitimität und Autorität des Gerichtshofs und letztlich auch eine Desavouierung der jahrzehntelangen eigenen Bemühungen um eine internationale Justiz auf vertraglicher Basis.

Es ist zudem eine wesentliche Bestimmung derartiger Tribunale, nur für einen bestimmten Fall ins Leben gerufen und nach Abschluss des Prozesses wieder abgeschafft zu werden. Man bastelt sich ein Gericht, passt ihm eine Rechts- und Prozessordnung an, um es nach erfolgreichem Urteil wieder verschwinden zu lassen. Das hat nur noch entfernt mit der Idee von einer unabhängigen und fairen Rechtsprechung zu tun und entspringt eher einer Politik als Fortsetzung mit anderen Mitteln. Die Justiz wird als Instrument der Sanktion missbraucht oder dient der Selbstrechtfertigung des eigenen militärischen Eingriffs.

Man sollte die Erfahrungen berücksichtigen, die die ehemalige Chefanklägerin des Jugoslawien-Tribunals, Carla Del Ponte, bei ihrer Arbeit

---

11 Vgl. Kai Ambos, Doppelmoral, Frankfurt a. M. 2023, S. 19 ff.
12 So auch Gerd Hankel, Putin vor Gericht? Springe 2022, S. 87.

gemacht hat. Sie hat die von ihrer Vorgängerin Louise Arbour vorbereiteten Untersuchungen wegen möglicher Kriegsverbrechen der NATO einstellen müssen und diese im Jahr 2000 durch einen Persilschein entlastet. In ihrem autobiografischen Bericht über ihre Zeit als Chefanklägerin sowohl des Jugoslawien- wie auch Ruanda-Tribunals – »Ich bin keine Heldin«, Frankfurt/Main, 2021 –, hat sie bekannt, dass sie an den Ermittlungen gehindert wurde: »Als ich in Brüssel die Unterlagen anforderte, kooperierte die NATO nicht. Ihr Generalsekretär verwies mich an die einzelnen Mitgliedstaaten. Dann hieß es plötzlich, die Dokumente seinen vernichtet worden. Eine Lüge« (Del Ponte, S. 66 f.). Ebenso erging es ihr beim Ruanda-Tribunal, als sie ihre Ermittlungen, die sie erfolgreich gegen die Hutu geführt hatte, auf die Tutsi ausweiten wollte. Sie schreibt: »Wir konnten nicht gegen die Tutsi ermitteln, weil uns die von Tutsi dominierte Regierung mit ihrem Präsidenten Kagame, einem General der FPR zu ihren schlimmsten Zeiten, systematisch daran hinderte – aber vor allem, weil die USA und Großbritannien die Ruander in ihrer Verweigerung unterstützten (…) Ich bedauere, dass das Ruanda-Tribunal wegen ihnen nie wirklich unabhängig arbeiten und seine Pflicht gegenüber den Opfern der anderen Seite erfüllen konnte.« (Del Ponte, S. 84 f.). Nichts beweist deutlicher als diese späten Eingeständnisse einer überzeugten Verfechterin des Völkerrechts die Unzulänglichkeiten und Mängel von Sondertribunalen sowie die Gefahren für die Gerechtigkeit, die mit ihnen heraufbeschworen werden.

Sondertribunale sind keine unabhängigen Gerichte, das war schon der Vorwurf des »tu quoque« gegen die Nürnberger Tribunale. Diesen Fehler zu vermeiden, hat es über fünfzig Jahre Arbeit und Beratungen gebraucht, bis 1998 im Römischen Statut ein Internationales Strafrecht und zwei Jahre später ein Internationaler Gerichtshof in Den Haag geschaffen wurde. Der IStGH ist seit knapp einem Jahr mit erheblichem personellem Aufwand in der Ukraine vor Ort, um Beweise für mögliche Kriegsverbrechen, Verbrechen gegen die Menschlichkeit und Völkermord zu sichern. Über 20 Staaten unterstützen die Arbeiten bereits. Die Bundesregierung wäre gut beraten, ihre Unterstützung darauf zu konzentrieren, die möglichen Täter vor Ort in fairen gerichtlichen Verfahren zur Verantwortung zu ziehen. Anstatt ein problematisches Sondertribunal einzurichten und den

IStGH weiter zu schwächen, sollte die deutsche Bundesregierung ihren politischen Einfluss auf die Änderung und Stärkung des Römischen Statuts mit seinem Gerichtshof in Den Haag richten und die noch zögernden und ablehnenden Staaten zum Beitritt zum Statut bewegen.

Die gegenwärtige Kriegssituation spricht jedoch dagegen, dass ausgerechnet die Staaten, die sich in Kriege verstrickt haben – von den USA über Russland, Israel, Indien und Pakistan – oder die wie die VR China in einen Krieg hineingezogen werden können, das Römische Statut ratifizieren und das Kampala-Amendment unterzeichnen werden. Obwohl die Staaten des Westens bisher von dem Gerichtshof nichts zu befürchten hatten, ist diese Sicherheit für die Zukunft nicht garantiert. Der Gerichtshof liegt nicht ohne Grund in Den Haag/Niederlande, einem Kernland der NATO. Er wird personell dominiert von den Staaten des Westens. Von den 18 Richtern kommen acht aus den NATO-Staaten (Deutschland, Frankreich, Großbritannien, Italien, Kanada, Polen, Tschechien und Ungarn), drei Richter kommen aus Staaten, die eng mit der NATO kooperieren (Japan, Philippinen, Südkorea) und zwei weitere Staaten, die politisch ebenfalls dem Westen nahestehen (Dominikanische Republik sowie Trinidad und Tobago). Zudem wurden die Chefs der Anklagebehörde alle aus Ländern ausgewählt, die zum Zeitpunkt der Berufung zum politischen Kreis des Westens zählen (Argentinien, Burkina Faso, Großbritannien). Der Gerichtshof hat nie in die Kriege der USA und der NATO eingegriffen, was bei dieser Besetzung auch kaum denkbar wäre, werden die Richter doch von den jeweiligen Regierungen ausgesucht. Selbst die ersten vorsichtigen Versuche, die Foltervorwürfe gegen US-amerikanische und britische Soldaten in Afghanistan und Irak lange nach dem Ende der unmittelbaren Kampfhandlungen zu untersuchen, wurden mit Begründungen eingestellt, die nur mühsam den politischen Druck kaschieren konnten.

Aber gerade diese beiden Versuche sind das für den Westen beunruhigende Zeichen, dass seine Dominanz in dem Gericht für die Zukunft nicht gesichert ist. Der sichtbare Umbruch der aktuellen Weltordnung, in der die zunehmende ökonomische Stärke der VR China und ihr politischer Einfluss auf den immer wichtiger werdenden Kontinenten Afrika und Asien zugleich die Schwäche und den abnehmenden Einfluss der USA und der NATO-Staaten signalisieren, wird auch die bislang mächtigsten

Institutionen des Westens wie Weltbank, Internationaler Währungsfonds, Internationaler Gerichtshof und Strafgerichtshof verändern. Dies ist die Chance, die nie erlangte Neutralität und Unabhängigkeit der Justiz zu sichern und endlich die von Chefankläger Robert J. Jackson 1945 ausgesprochene Mahnung zu erfüllen: »Wir würfen niemals vergessen, dass nach dem gleichen Maß, mit dem wir die Angeklagten heute messen, auch wir morgen von der Geschichte gemessen werden. Diesen Angeklagten den vergifteten Becher reichen, bedeutet, ihn an unsere eigenen Lippen zu bringen.«[13]

---

13 Robert H. Jackson, Anklagerede vom 21. November 1945, in: Der Prozess gegen die Hauptkriegsverbrecher vor dem Internationalen Gerichtshof Nürnberg, 14. November 1945 – 1. Oktober 1946, Bd. 2, Nürnberg 1947, S. 118.

Norman Paech

Außerparlamentarische Opposition und Dritte Welt

Kritik an der Entwicklungshilfe

Ein Dokument aus dem Jahr 1969

Editorische Notiz
Der folgende Text ist eine Auftragsarbeit des damaligen Ministers für wirtschaftliche Zusammenarbeit Erhard Eppler (SPD) an mich als Hilfsreferent im Referat für die Entwicklungshilfe der Kirchen und politischen Stiftungen des Ministeriums für wirtschaftliche Zusammenarbeit. Eppler wollte eine Argumentationshilfe gegen die verbreitete Kritik der »Dritte-Welt-Gruppen«, mit der sich das Ministerium seinerzeit zunehmend konfrontiert sah. Wie aus seinem Kommentar am Schluss der kurzen Studie ersichtlich, entsprach sie nicht seinen Erwartungen. Auch mein Versuch, am Ende einen konstruktiven Bogen zur aktuellen Entwicklungspolitik des Hauses zu finden, mochte weder ihn noch mich zu überzeugen. Insofern ein zeit- und ortsgebundenes Dokument, welches zu einer kritischen Betrachtung der heutigen Entwicklungshilfe anregen mag. Zwei Jahre später verließ ich das Ministerium.
Norman Paech

Einleitung

Die kritische Position, die die außerparlamentarische Opposition gegenüber der Entwicklungshilfe einnimmt, stützt sich auf eine wissenschaftliche Auseinandersetzung, die bis in das Ende der 50iger, Anfang der 60iger Jahre zurückreicht.

Bereits damals waren die politischen und ökonomischen Beziehungen zwischen den Entwicklungsländern und den westlichen Industrieländern Gegenstand kritischer Analyse – ihre geistigen Väter Fanon, Césaire, Fuentes und Guevara kamen aus den Entwicklungsländern.

Heute hat die Dritte Welt eine feste Funktion innerhalb der »Organisation des Widerstandes« der Linken. Die Befreiungsbewegungen sind Fixpunkt der studentischen Solidarisierung geworden. Der Protest gegen die Industriegesellschaft hat in der Analyse der Beziehungen zur Dritten Welt ein Ausdrucksfeld gefunden. Zwischen der Entwicklung des Nordens und der Unterentwicklung des Südens wird ein enger Kausalzusammenhang gesehen. Hier liegt für die Linke ein Ansatzpunkt, das System aufzudecken, um seine Veränderung zu betreiben. Das Thema »Entwicklungshilfe« ist daher nur Demonstrationsobjekt, hat im wesentlichen strategischen Wert im Angriff auf die bestehende Gesellschaftsordnung. Die Kritik, von der die folgenden Seiten handeln, geht notwendig über den engeren Bereich der Entwicklungshilfe hinaus; sie ist nicht auf einzelne Projekte bezogen, sondern auf das System und so vor allem nicht auf die BRD beschränkt.

Es ist in diesem Zusammenhang vielleicht bezeichnend, daß es bisher nur eine Buchveröffentlichung gibt, die die deutsche Entwicklungshilfe von dieser Position her angreift.[1]

Es wird sich herausstellen, daß die Kritik in vielen Punkten den Bezugsrahmen, der der deutschen Entwicklungspolitik vorgegeben ist, insgesamt ablehnt und verläßt. Das heißt, daß die begrenzten Möglichkeiten einer Änderung unserer Gesellschaftsstruktur, die das Grundgesetz zuläßt – die Abhängigkeit von Regierungs- und Parlamentsentscheidungen, die politische Eingliederung in das atlantische Bündnis und das europäische Gemeinschaftssystem –, nicht als Begrenzungen mit Realitätswert anerkannt werden.

Der Überblick ist notwendig verkürzt und auf die Hauptpunkte beschränkt. Im letzten Abschnitt wird ihre Bedeutung für die Praxis der Entwicklungshilfe geprüft.

---

1 Danckwerts, Entwicklungshilfe als imperialistische Politik, 1968.

I. Ursachen der wirtschaftlichen Unterentwicklung

Von niemand werden heute mehr Zweifel an dem katastrophalen wirtschaftlichen Ungleichgewicht zwischen den verschiedenen Regionen und Erdteilen geäußert, (als von der Linken). Die Erklärungen über die Ursachen gehen allerdings stark auseinander, insbesondere über die historische Rolle der Industrieländer in diesem Prozess. –

Die Kenntnis dieser Positionen ist wichtig, weil sie die Argumentationsbasis für die Kritik liefern.

1. Das Erbe des Kolonialismus

Die historische Entwicklung der »kolonialen Beziehungen«, die bis in das ausgehende 15. Jahrhundert reichen, ist in ihrem Ablauf hinreichend periodisiert. Auch sind die spezifischen Ziele und Motive der Kolonialpolitik ausführlich dargestellt. In ihrer strategischen Bedeutung für die Entwicklung der ehemaligen Kolonialländer und der sich industrialisierenden Kolonialmächte werden diese Beziehungen jedoch weitgehend kontrovers beurteilt.

Als willkürlich wird jene weitverbreitete Darstellung der Auswirkung des Kolonialismus[2] abgelehnt, die »kulturspezifische Werte« zum Leitmotiv erhebt:

»Die wirtschaftlichen Beziehungen zwischen entwickelten und unterentwickelten Ländern im 19. und 20. Jahrhundert haben den letzteren unentbehrliche Entwicklungselemente zugeführt, in erster Linie in Form von stimulierenden Impulsen, Anregungen, Erfahrungen und Verhaltensweisen, nicht zuletzt unternehmerischer Art – gar nicht zu sprechen vom Kapital, das gegenüber den genannten Faktoren nur zweitrangige Bedeutung hat –, sie haben sie in die Weltwirtschaft verflochten und ihnen so zum ersten Mal Märkte für Massenexportartikel verschafft (…) Dies erwies sich als der wichtigste Motor der Dynamik und Mobilität.«[3]

---

2   Schuhler, Politische Ökonomie, S. 22, 95 ff., 133 f; Boris, Politische Ökonomie, S. 173 f.; Büchner, Deppe, Tjaden, Emanzipation, S. 25 f.

3   Behrendt, Soziale Strategie, S. 86; Röpke, Unterentwickelte Länder, S. 78; Müller, Soziologie, S. 244; Eisermann, Die Rolle des Unternehmers.

Der gleiche Tatbestand unterliegt einer ganz anderen Interpretation und Wertung, wenn man das Augenmerk auf die Produktionskapazität der Länder und die gesellschaftliche Organisation lenkt. Hier liegt die kritische Elle der Linken, die letztlich zu dem Ergebnis kommt, daß der Kolonialismus »industriellen Kindesmord«[4] an den überseeischen Ländern begangen habe; und zwar aus folgenden Gründen:

a) Das industrielle Engagement der Kolonialmächte war begleitet von einem gigantischen Transfer von Waren und Werten aus den Kolonien. Sombart[5] hat errechnet, daß bereits in den ersten beiden Perioden kolonialer wirtschaftlicher Beziehungen mehrere 100 Mrd. Dollars aus den abhängigen Gebieten Asiens, Afrikas und Lateinamerikas in die europäischen Staaten transferiert wurden. Nach indischen statistischen Angaben hat sich England in den ersten Jahrzehnten des 20. Jahrhunderts jährlich unter diesem oder jenem Titel über 10 % des nationalen Bruttoeinkommens angeeignet[6]. Besaßen diese Ressourcen einen bedeutenden Stellenwert für die wirtschaftliche Entwicklung der heutigen Industriestaaten, so fehlten sie den Kolonien, um einen kontinuierlichen Wachstums und Industrialisierungsprozeß in Gang zu setzen. »So weit wir darüber urteilen können, scheint Indiens Abhängigkeit von England die Industrialisierung des Landes zweihundert Jahre lang verhindert zu haben«, sagt Gustafsson[7] und erwähnt Indien nur als Beispiel einer abhängigen Gesellschaft. »Der größte Vorwurf, der ist nicht, daß sie die Länder Asiens ausbeuteten, sondern daß sie dort die eigenständige wirtschaftliche Entwicklung hinderten[8].

b) Als Folge der kolonialen Erschließung und der damit verbundenen Zerstörung der Selbstversorgungswirtschaft trat Stagnation der wirtschaftlichen Entwicklung und Deformation der traditionellen Struk-

---

4 Baran, Politische Ökonomie, S. 279.
5 Sombart, Der moderne Kapitalismus, zit. nach Schuhler, a. a. O., S. 98.
6 Baran, a. a. O., S. 242.
7 Gustafsson, Kolonialismus, S. 96.
8 Laqueur, Rundblick S. 48.

turen ein. Die Kolonisierten lernten Technik und rationale Arbeitsorganisation nur in Verbindung mit wirtschaftlicher Abhängigkeit und kolonialer Ausbeutung kennen. Das europäische Ordnungs- und Verwaltungssystem erlebten sie in der Form einer oft militärisch abgesicherten Fremdherrschaft. Neue Eigentumsordnungen und Rechtssysteme überlagerten die traditionellen sozialen Ordnungen. Die gesamte materielle und immaterielle Infrastruktur eines Koloniallandes wurde auf die Rationalität des Kolonialmarktes ausgerichtet, der am kapitalistischen Wettbewerb orientiert war. Die bestehende wirtschaftliche Autarkie wurde zerstört, ohne eine adäquate Organisationsform zu hinterlassen. Auch hier dient Indien wiederum als Beispiel, wenn auch nicht als Sonderfall. Nehru zur englischen Kolonialpolitik: »Die britische Herrschaft festigte sich, in dem sie neue Klassen und Interessen schaffte, die dieser Herrschaft verpflichtet waren und deren Vorrechte von ihrem Weiterbestehen abhingen Beinahe alle wichtigen Probleme, vor denen wir heute stehen, sind während der britischen Herrschaft und als unmittelbare Folge der britischen Politik entstanden: die Fürsten; das Problem der Autoritäten; traditionelle Interessen, ausländische und indische; das Fehlen einer Industrie und die Vernachlässigung der Landwirtschaft; die außergewöhnliche Rückständigkeit der sozialen Einrichtungen und vor allem die entsetzliche Armut des Volkes«[9].

c) Die kolonialen Grenzziehungen widersprachen nicht nur den spezifischen historischen Abläufen und orientierten die Gesellschaften am europäischen System der Nationalstaaten, sondern wurden oft ohne Rücksicht auf ethnische Bedingungen vorgenommen. Die Folgen dieser Politik werden heutzutage zunehmend sichtbar.

Die europäischen Staaten vollzogen ihre Industrialisierung demgegenüber unter Bedingungen, die keine Ähnlichkeit mit denen der heute unterentwickelten Länder hatten. Bettelheim schreibt: »Diese heute industrialisierten Länder waren keine ökonomisch abhängigen Länder. Die Struktur

---

9 Nehru, The Discovery of India, NY 1946, S. 304, 306, zit. nach Baran, a.a.O., S. 246f.

ihrer Produktion enthielt keine ständig wachsenden Sektoren, die eng an einige ausländische Märkte gebunden und stark von ebenfalls fremdem Kapital durchdrungen waren. Diese Wirtschaften entwickelten sich bzw. stagnierten nicht gemäß der Entwicklung des Weltmarktes im Hinblick auf diesen Rohstoff oder jenes Agrarprodukt. Sie unterlagen nicht der schweren Last ausländischer Verpflichtungen, ihre entstehende Industrie hatte nicht der Konkurrenz mächtiger, schon etablierter Industrien standzuhalten, die vom gleichen Kapital beherrscht wurden wie die eigenen Naturschätze. Diese Wirtschaften waren für ihre erweiterte Reproduktion nicht vom Import der Industrieanlagen abhängig. Auch wenn sie wenig industrialisiert waren, so waren diese Wirtschaften doch nicht deformiert und aus dem Gleichgewicht gebracht, sondern im Gegenteil: integriert und auf sich selbst gerichtet.«[10]

Die kurz skizzierte historische Analyse der Linken baut also auf zwei Grundannahmen auf:

- Die Veränderung der gesellschaftlichen, wirtschaftlichen und politischen Verhältnisse durch die Kolonialmächte wird für die Unterentwicklung sehr viel stärker verantwortlich gemacht als traditionelle, passive, statische Verhaltensweisen.
- Wirtschaftsstruktur und Produktivkapazitäten stehen in einem Verhältnis der Wechselwirkung mit der Organisation der gesellschaftlichen Arbeit. Kulturspezifische Verhaltensformen werden als entwicklungsbestimmende Faktoren von der Apo weniger berücksichtigt.

2. Drei falsche Erklärungen

Damit ist zugleich gesagt, daß der immer wieder beschworene Kulturunterschied, die Abwesenheit dynamisch-aktiven Verhaltens und »selektiv-adaptiver Akkulturation« (Behrendt) sowie das Überwiegen traditionaler Werthaltungen auch als Ursache für den gegenwärtig andauernden Zustand der Unterentwicklung nur eingeschränkte und vorübergehende Bedeutung hat[11].

---

10 Bettelheim, Planification, S. 28 f.
11 Dabei wird auf Japan verwiesen, das trotz feudaler Gesellschaftsstruktur aber ohne koloniale Abhängigkeit seine Industrialisierung erfolgreich durchgeführt hat, vgl. Schuhler, a. a. O., S. 102 f.

Aus diesem Grund werden die folgenden Erklärungen, die immer wieder für die Stagnation der armen Gesellschaften herangezogen werden, von der Linken als falsch abgelehnt:
a) Fehlen einer fähigen Unternehmerschicht,
b) Zu niedriges Pro-Kopfeinkommen, mangelnde Fähigkeit Kapital zu akkumulieren,
c) Bevölkerungsexplosion.

Aus diesen Begründungen ergibt sich ein klares strategisches Konzept: Wirtschaftliche Entwicklung durch Privatunternehmer, Kapitalimport, Familienplanung (Geburtenkontrolle).

a) Die Unternehmerschicht wird allgemein als eine der zentralen Voraussetzungen für wirtschaftliche Entwicklung angesehen[12]. Die Begründung für das Fehlen einer solchen Unternehmerschicht liefern: der Zwang traditionaler Verhaltensmuster, Mißtrauen gegen Neuerungen, Fehlen intellektueller Neugierde.[13] Die Kritiker dieser Meinung weisen demgegenüber auf den unverhältnismäßig aufgeblähten Dienstleistungs- und Handelssektor in den Entwicklungsländern hin. So wird z. B. in Chile durch Handel zweieinhalbmal mehr Einkommen erzeugt als in der Landwirtschaft; in Guatemala ist das Einkommen der Kaufleute aus dem Handel doppelt so groß wie die gesamte Wertschöpfung der Industrie; in Mexiko stellt der Handel den mit Abstand größten Anteil am Volkseinkommen.[14] Die durchaus vorhandenen Unternehmertalente sehen gegenüber der ausländischen Konkurrenz keine Möglichkeit, mit der Erzeugung industrieller Güter auch nur halbwegs so viel zu verdienen wie mit Handel, Wucher, Spekulation. Ihre Initiative hat sich auf den Handel und Geldmarkt konzentriert. Nicht Mangel an Begabung, vielmehr das Fehlen von Industrie und die übermächtige ausländische Konkurrenz erklären die relativ kleine Zahl einheimischer Industrieunternehmer.

---

12 Gatz, Wirtschaftliche Zusammenarbeit, S. 101.
13 Eisermann, a. a. O.
14 Naciones Unidas, Boletin Estadistico de America Latina, NY 1965, Vol. II Nr. 1 S. 48, 64, 87 zit. nach Schuhler, a. a. O., S. 125.

b) Als weitgehend falsch wird auch die Erklärung des Kapitalmangels wegen fehlender Fähigkeit zur Kapitalakkumulation zurückgewiesen. Dieses zentrale Argument für die sozio-ökonomische Stagnation geht auf den amerikanischen Ökonomen Ragnar Nurkse zurück. Er hat die Situation der Entwicklungsländer verglichen mit einem »Teufelskreis der Armut«: Ein Land bleibt arm, weil es arm ist.[15]

Stimmt es, daß die armen Länder gegenwärtig nicht in der Lage sind, selbständig einen Überschuß zu erwirtschaften, mit dem sie die fehlende Industrie, Straßen, Schulen, Krankenhäuser erbauen können? Die heutige Situation scheint dafür zu sprechen, die Linke ist gegenteiliger Auffassung: Bis in die jüngste Vergangenheit haben sich die ehemaligen Kolonialmächte dem Aufbau von Veredelungsindustrien in den armen Ländern widersetzt. Ein von Gustafsson zitierter Bericht der Vereinten Nationen rechnet damit, daß »ein Anteil von 10 bis 15 % am Nationalprodukt der armen Länder in Form von Zinsen, Dividenden und Royalties an Muttergesellschaften im Ausland abgeführt wird.« In Peru (1947) erzielten die ausländischen Aktiengesellschaften Kapitalgewinne in Höhe von 41 %, in Chile (1948) in Höhe von 26 % und in Nord-Rhodesien (1949) von 43 % des jeweiligen Nationalproduktes. Hinzu kommt, daß ein wesentlicher Teil des produzierten Überschusses von den parasitären Oberschichten unproduktiv verbraucht, auf Auslandskonten überwiesen sowie als Staatsausgaben für die militärische und ideologische Sicherung des Regimes verwandt wird.

Beispiele werden beliebig zitiert: So haben nach Berechnungen der britischen Zeitschrift The Economist (2. Juli 1955) die Regierungen der Staaten Kuweit, Saudi Arabien, Irak, Iran, Quatar und Barein in den Jahren 1945 bis 1954 von den ausländischen Ölgesellschaften Direktzahlungen in Höhe von 3 Mrd. Dollars erhalten. Wäre dieses Geld

---

15 Auf der Kapitalangebotsseite ist die Sparrate aufgrund niedrigen Einkommensniveaus niedrig. Die daraus resultierende geringe Kapitalbildung hält die Produktivität niedrig, die wiederum das Realeinkommen auf niedrigem Niveau hält. Auf der Kapitalnachfrageseite sind die Gewinnerwartungen wegen des niedrigen Einkommensniveaus niedrig, was den Investitionsanreiz gering hält und damit wiederum Produktivität und Einkommen. Nurkse, Problems, S. 4.

bei einem Verhältnis von Investitionen zu der mit ihnen hergestellten Produktion von 3:1[16] produktiv eingesetzt worden, so würde das laufende Einkommen der dreißig Mio. Menschen im mittleren Osten um 1 Mrd. Dollar pro Jahr höher sein, d. h. um ca. 50 %.

Oder: in Lateinamerika konnte von 1950 bis 1963 die Ölproduktion um über 100 %, die Eisenerzproduktion um 800 %, die Kupferproduktion um 80 % gesteigert werden; trotzdem finden sich auf diesem Kontinent heute die Länder mit dem langsamsten Entwicklungstempo.[17]

Nicht die zu geringen wirtschaftlichen Überschüsse verhindern danach die Kapitalbildung, sondern die spezielle Art ihrer Verwendung.

c) So wenig die Tatsache bestritten wird, daß man von einem Wettlauf zwischen Produktions- und Bevölkerungswachstum in den Entwicklungsländern sprechen kann, so entschieden wird die These zurückgewiesen, daß die Bevölkerungsexplosion mit die Hauptschuld an der Verarmung eines Landes habe. Anhand von statistischen Vergleichen zwischen Bevölkerungsdichte von reichen und armen Ländern[18] kommen die Kritiker zu der Feststellung, daß das Pro-Kopfeinkommen einer Bevölkerung nicht von der Bevölkerungsdichte, sondern vielmehr vom Grad der Industrialisierung abhängt, daß gerade »ein hoher Geburtenüberschuß zu den wichtigsten ökonomischen Entwicklungsfaktoren gehört«.[19] Er ermöglicht eine verbesserte geographische und soziale Arbeitsteilung. Voraussetzung ist allerdings, daß die Industrie genügend Arbeitsplätze bereitstellt. Dies ist in den Entwicklungsländern bisher nicht der Fall. Auch hier ist das demographische Gleichgewicht der Völker durch die Berührung mit den Kolonialmächten gestört worden, ohne daß diese eine materielle Lebensbasis geschaffen hätten. Es hat sich jedoch historisch gezeigt, daß mit dem fortschreitenden Grad der Industrialisierung die Möglichkeit zur Eindämmung

---

16 Kapitalkoeffizient= 3, was für diese Länder eine nicht unrealistische Annahme ist.
17 Schuhler, S. 116.
18 Baran, a. a. O., S. 364.
19 Belgien, England, Holland, Italien sind dichter besiedelt als Indien, Philippinen, Iran, Columbien o. Kongo.

der Bevölkerungsexplosion wächst.[20] Maßnahmen der Geburtenkontrolle werden allerdings kurzfristig in Ländern mit äußerst hohen Geburtenziffern notwendig sein, langfristig liegt das Problem jedoch bei Industrialisierung und Bildungsplanung.

3. Soziale Ordnung und internationale Arbeitsteilung

Fehlen den armen Ländern also weder materielle Ressourcen noch Arbeitskraft und »unternehmerisches Talent« so bleibt die Frage, was denn wirklich die wirtschaftliche Entfaltung dieser Länder verhindert. Die Antworten sind im wesentlichen einheitlich und münden in eine entschiedene Absage an die traditionelle westliche Entwicklungspolitik.

a) »Die ökonomische und soziale Ordnung wie sie in dem herrschenden Bündnis der besitzenden Klassen angelegt und verankert ist, befindet sich in den armen Ländern in einer ständigen Abwehrstellung gegenüber dringenden Forderungen. Weder der Aufbau der Gesellschaft, der mit dieser Ordnung gegeben ist, noch die Institutionen die auf ihr beruhen, sind einer fortschrittlichen wirtschaftlichen Entwicklung dienlich.«[21] Die Mehrzahl der Bevölkerung in den armen Ländern ist von der Landwirtschaft abhängig, oft weit über 80%, sie stellen jedoch selten mehr als ein Drittel des Nationalproduktes. Neben den Landnutzungsmethoden stehen im wesentlichen die überkommenen Bodenbesitzverhältnisse der notwendigen Produktivitätssteigerung entgegen. Nun läßt sich zwar die Eigentumsstruktur Afrikas mit seiner Bauernbevölkerung, die an der traditionellen kollektiven Landarbeit festhält, seinen Plantagen und Bergwerken mit Saisonarbeitern nicht mit Asien vergleichen, dessen Kleinbauern durch Pachtabhängigkeit verschuldet sind oder der charakteristischen Mischung von Latifundien und Minifundien Lateinamerikas. Überall verfügen jedoch die meisten Bauern über wenig Land und produzieren nur für den Lebensunterhalt ihrer eigenen Familien. Auch in landwirtschaftlichen Großbetrieben werden wenig ergiebige Produktionsformen beibehalten, da Arbeitskräfte

---

20 Büchner, Deppe, Tjaden, a. a. O., S. 27.
21 Baran, Unterentwickelte Länder, S. 109.

fast unbegrenzt vorhanden sind. Das herrschende Pachtsystem tut ein übriges, investierbare Erträge abzuschöpfen. Ausgangspunkt erhöhter Produktivität müssen durchgreifende Boden- und Agrarreformen sein.

b) Hand in Hand hat damit die Expansion der Industrie zu erfolgen, die wiederum nicht so sehr ein güterwirtschaftliches oder Unternehmerproblem ist. Im Vordergrund steht die Organisationsform der Industrie. Auch hier bestimmt die Vergangenheit das Dilemma der Gegenwart. Nach der Zerstörung der ursprünglichen vorkapitalistischen Produktionsstruktur haben die Kolonialmächte nicht etwa eine normale kapitalistische Produktionsstruktur von kleineren und mittleren Unternehmen gefördert, die in Europa den Übergang von der merkantilen zur industriellen Phase markierte. Sie haben den Industriesektor monopolistisch ausgerichtet[22], und das bedeutet: geringerer Ausstoß, höhere Preise und geringere Re- und Nettoinvestitionen. Es handelt sich hier – die überproportionale Aufschwemmung des Handels- und Dienstleistungssektors hinzugenommen – um entscheidende Struktur- und Organisationsfehler im Entwicklungsland, die bisher noch außerhalb der politischen Reichweite der heutigen Entwicklungshilfe liegen.

c) Gleichermaßen schwerwiegend sind die folgenden Resultate der Eingliederung der Entwicklungsländer in das System der Weltwirtschaft und internationalen Arbeitsteilung. Der bestimmende Faktor in diesem internationalen Beziehungssystem liegt in der seit den Kolonialanfängen entwickelten und durch die moderne Politik der Arbeitsteilung weiter geförderten einseitigen Produktionsstruktur. Sie ist gekennzeichnet durch den Überfluß an Rohstoffen und billiger Arbeitskraft. Die dadurch naheliegende Arbeitsteilung in Urproduktion mit arbeitsintensiven Mitteln in den Entwicklungsländern und Industrieproduktion mit kapitalintensiven Mitteln in den Industrieländern führt jedoch zu einer grundlegenden Strukturschwäche der Weltwirtschaft.[23] Sie

---

22 Myrdal, Ökonomische Theorie, S. 56 ff.; Baran, a. a. O., S. 117.
23 Stanovnik, Schlagschatten, S. 66.

macht die Wirtschaft der Entwicklungsländer in zunehmendem Maße von der technischen Entwicklung und Marktsituation der reichen Gesellschaften abhängig, ohne wesentlichen eigenen Einfluß nehmen zu können.[24]

Dies macht sich insbesondere in den Handelsbeziehungen bemerkbar, zu denen die »Studie zur Weltwirtschaft 1963« der UNO bemerkt: »Die ungünstige Entwicklung des Außenhandels der unterentwickelten Länder resultiert gerade aus der Struktur ihrer Handelsbeziehungen. In der Tat machen die Grundstoffe, also Nahrungsmittel, and wirtschaftliche Rohstoffe, Erze, Brennstoffe mehr als 4/5 der gesamten Exporte der unterentwickelten Länder aus. Dagegen kommen mehr als 2/3 der Außenhandelserträge der industriell entwickelten Länder aus Exporten von Industriegütern. Die Gruppe der Länder der Planwirtschaft ist die einzige, in der sich die Exporte von Grundstoffen in derselben Größenordnung bewegen wie die Exporte von Industriegütern. Die Handelsstruktur der unterentwickelten Länder verlangt, daß diese vor allem Grundstoffe exportieren aber vorwiegend Industriegüter importieren. In keiner anderen Gruppe beruht der Austausch der Exporte gegenüber den Importen auf einer so ungleichen Basis (...) Es ist offensichtlich, daß die Entwicklungsländer weit davon entfernt sind, ihren Anteil am internationalen Handel mit Industriegütern zu vergrößern, ja sie können ihn nicht einmal halten.«[25]

Der geringe Anteil der Entwicklungsländer am Welthandel (1957: 27 %, 1962: 22 %) geht nicht nur weiter zurück, sondern das Verhältnis der Exporte zu den Importen verschiebt sich ständig zuungunsten der Exporte.[26] Berücksichtigt man weiter, daß die Entwicklungsländer mit den ständig sinkenden Erlösen ihrer Exporte immer weniger Importgüter, deren Preise konstant steigen, kaufen können[27], so kann sich diese Entwicklung katastrophal auf die armen Gesellschaf-

---

24 Jalée, Ausbeutung, S. 22; Boris, a.a.O., S. 193, S. 197f.
25 zit. nach Jalée, a.a.O., S. 41.
26 Schuhler, a.a.O., S. 145.
27 Zu dem Problem der terms of trade vgl. Schuhler, a.a.O., S. 145 ff.; Boris, a.a.O., S. 196 ff.; Jalée, a.a.O., S. 50.

ten auswirken. Nach Berechnungen der UNO hat sich in den Jahren 1950 bis 1960 durch die Verschlechterung der Terms of Trade ein Verlust in Höhe von ca. 17 Mill. Dollars ergeben, was etwa 1/3 der Entwicklungshilfe an langfristigen Kapitalkrediten und öffentlichen Schenkungen entspricht. Von 1961 bis 1966 betrug der Verlust 13,4 Mill. Dollars, d. h. 38 % der gesamten in dieser Zeit von den westlichen Industriegesellschaften geleisteten öffentlichen und privaten Entwicklungshilfe.[28]

Die bisherigen Bemühungen, die Märkte auf internationaler Ebene zu organisieren und die Rohstoffpreise zu stabilisieren, haben nur unbedeutende Erfolge gehabt. Importsubstitution und Exportdiversifikation müssen in Zukunft ihre Wirksamkeit erweisen, was nur dann der Fall ist, wenn die politisch-ökonomische Partnergleichheit erreicht wird.[29] Zur Zeit steht diesem Ziel eine Zollpolitik entgegen, die durch

- qualitative Importrestriktionen hinsichtlich der Rohstoffausfuhr,
- sehr hohe Fiskalzölle auf tropische Produkte,
- Beschränkungen der Einfuhr von Agrargütern,
- Beimischungszwang für entsprechende einheimische Produkte,
- diskriminierende, quantitative Importrestriktionen für Fertigfabrikate und
- extrem hohe Zölle für Halbfertigfabrikate

vor allem die Exportdiversifikation behindert. Zugleich werden der Industrialisierung damit fast unüberwindliche Barrieren entgegengestellt.[30]

d) Die Folge ist, daß die Entwicklungsländer zur Finanzierung wachstumsnotwendiger Investitionen auf Kapitalzuflüsse aus dem Ausland angewiesen sind. Die Gründe liegen in den mangelnden bzw. zweck-

---

28 Neue Züricher Zeitung v. 19.3.1968; hinter diesen Berechnungen verbergen sich schwerwiegende statistische Probleme. Die gezogenen Folgerungen werden daher von einigen Ökonomen nicht anerkannt, vgl. Lemper, UNCTAD, S. 25.

29 Lemper, a. a. O., S. 22.

30 Bachmann, Zollpolitik, S. 101; er spricht von einem »guten Stück kolonialer Handelspolitik«; ebenso Billerbeck, Konsequenzen der Industrialisierung, S. 30.

fremd verwendeten Inlandsersparnissen sowie in den ungenügenden Exportüberschüssen. Die Industrieländer müssen Kapital exportieren, wenn ihre Inlandsersparnisse – wie zumindest in der Bundesrepublik Deutschland – die internen lohnenden Investitionsmöglichkeiten und/ oder die Waren- und Güterexporte die entsprechenden Importe übersteigen.[31] Die klassische Imperialismustheorie Rosa Luxemburgs ging davon aus, daß Waren- und Kapitalexport in nichtkapitalistische Räume in der reifen Phase des Kapitalismus unabdingbar werden.

Sie sah darin die einzige Möglichkeit, die Überproduktion und den damit verbundenen tendenziellen Fall der Profitrate auf zuhalten und die geringe interne Nachfrage – Unterkonsumtion -auszugleichen. Dieser Theorie kommt heute nur noch begrenzter Erklärungswert zu.[32]

Dazu hat insbesondere die Tatsache beigetragen, daß der Anteil der Kapitalexporte am Sozialprodukt der westlichen Industrieländer in die Entwicklungsländer gefallen ist.[33] Während im Weltmaßstab die öffentlichen Exporte die privaten erheblich übersteigen, gilt dies nicht für die BRD. Sie hat den in der jüngsten Zeit sichtbaren Trend zu einem stärkeren privaten Kapitalexport schon 1967 vorweggenommen (öffentlich 1967: 2.187 Mio. DM, 1966: 1.944 Mio. DM; privat 1967: 2.374. Mio. DM, 1966: 1. 006 Mio. DM, diese Tendenz hat sich 1968 noch verstärkt).

e) Kaum ein Instrument der internationalen Beziehungen zwischen Industrie- und Entwicklungsländern ist so umstritten wie die Investitionen der Privatunternehmer. Der aktuellen Entwicklungspolitik gelten sie als ein Hauptpfeiler, ihren Kritikern als Hauptsyndrom wirtschaftlicher Rückständigkeit: »Was die wirtschaftliche Entfaltung der armen Länder wirklich verhindert, das sind die Großunternehmen der imperialistischen Nationen, die sich dort niedergelassen haben und ein Bündnis mit den einheimischen reaktionären Gruppen und Klassen eingegangen sind... dieses Bündnis wird von der Staatsmacht der im-

---

31 Abs in Frankfurter Rundschau v. 24.2.1969.
32 Schuhler, a. a. O., S. 134, Büchner, Deppe, Tjaden, a. a. O. S. 42.
33 Steinhaus, Theorie, S. 54.

perialistischen Mutterländer ökonomisch, politisch, diplomatisch und nötigenfalls auch militärisch unterstützt«.[34]

Zur Begründung dient ein Negativkatalog schädlicher Folgen der Privatinvestitionen[35]:

- Verteuerung der Produktion aufgrund außerordentlich hoher Profite[36]; der Gewinntransfer bewirkt einen starken Abfluß des benötigten Überschusses.
- Konzentration auf besonders profitable Branchen im Sinne betriebswirtschaftlicher Rentabilität, kaum im Sinne gesamt wirtschaftlicher oder gar überregionaler Nützlichkeit.
- Monopolisierung ganzer Marktbereiche und damit Verhinderung der Produktionsausdehnung
- Orientierung an den materiellen Bedürfnissen der Industrieländer und den Muttergesellschaften, von denen die Investitionen kontrolliert werden. Sie stehen oft gänzlich außerhalb der Wirtschaft der Entwicklungsländer und bilden dort ökonomische Enklaven.
- Sektorale, »monokulturelle« Konzentration, die insgesamt wachstumshemmend wirkt.
- Besonders große Gefahr des Kapitalbezuges in Krisensituationen. Er wirkt zyklusfördernd und verstärkt die kritische Situation.
- Die übermächtige Stellung der monopolistischen ausländischen Unternehmen verzerrt den einheimischen Geld- und Kreditmarkt,

---

34 Gustafsson, S. 108; ähnlich Boris, a.a.O., S. 187 ff.; Schuhler, a.a.O., S. 140 ff.; Jalée, a.a.O., S. 78 ff.; Steinhaus, a.a.O., S. 10 ff.

35 vgl. zu folgendem Schuhler, a.a.O., S. 141 ff.; Gustafsson, a.a.O., S. 106 ff.; Jalée, a.a.O., S. 78 ff.; Lidmann, Gustafsson, Debatte, S. 139; Boris, a.a.O., S. 188.

36 Die Profitrate privater Direktinvestitionen der USA in Entwicklungsländern ist nachgewiesenermaßen dreimal so hoch wie in Europa oder Kanada, die Quote des verteilten Gewinns fast viermal so hoch. Zwischen 1950 und 1965 wurde von den USA in der Dritten Welt private Direktinvestitionen in Höhe von 9 Mrd. Dollar getätigt; gleichzeitig wurde jedoch aus diesen Ländern 25,6 Mrd. Dollar in die USA transferiert. Paul M. Sweezy hat auf Grund von Falluntersuchungen Sweezys erstes Gesetz über Auslandsinvestitionen aufgestellt, das besagt, dass der Zufluß aus den Auslandsinvestitionen den Abfluss von Kapital um 70 % übersteigen wird (Paul M. Sweezy, Die Zukunft des Kapitalismus, a.a.O., S. 180) Über Profitraten deutscher Unternehmen sind z. Zt. keine verlässlichen Daten zu erhalten. Nach einer neuen Statistik des Development Assistance Committee liegen sie jedoch durchschnittlich über den Renditen aus Investitionen in Industrieländern.

den sie zu Bedingungen in Anspruch nehmen können, denen die ökonomisch weniger potenten Inlandskonkurrenten nicht gewachsen sind.
- Die – insbesondere bei deutschen Unternehmen (bis 80 %) starken – Reinvestitionen dienen zu einem wesentlichen Teil dem Ausbau der Rohstoffproduktion (1/3 der deutschen Privatinvestitionen) und dem Ankauf bereits existierender Firmen, um den Markt besser in den Griff zu bekommen.

Die Bevorzugung der Privatinvestition insbesondere als Instrument der Entwicklungshilfe beruht zum großen Teil auf der positiven Bewertung ihrer »byproducts« wie
- Beispielhaftigkeit für inländische Unternehmer,
- Vermittlung technischen Wissens,
- Ausdehnung und Verbesserung der Beschäftigung,
- Schaffung zusätzlicher Einkommen,
- Berufsausbildung etc.[37]

II. Funktion der staatlichen Entwicklungshilfe

Um den Bereich der Privatinvestitionen ist ein breiter Fächer staatlicher Entwicklungshilfemaßnahmen angelegt. Das strategische Schwergewicht verlagert sich immer mehr von der volumenmäßig größeren Kapitalhilfe zur technischen Hilfe (Bildungshilfe, gesellschaftspolitische Maßnahmen).

1. Statistik, Konditionen, Überschuldung

Gegenstand der Kritik ist zunächst die statistische Darstellung des Volumens, die sämtliche Exportkredite und Kapitalexporte einschließlich der reinvestierten Gewinne als Entwicklungshilfe ausweist.

Als echte Hilfe kann bei den Kapitalkrediten nur die Differenz zwischen 7 % Zinsen auf dem deutschen Markt und 3 % für das Entwicklungsland gelten (sog. grant Element). Es dürfte somit nur ein Betrag von 0,72 Mill. DM (jährlicher Zinsverlust der bislang 18 Mill. DM) eingesetzt werden,

---

37 Gatz, a. a. O., S. 110 ff.

nicht aber die 1.2 Mill. DM neuer Kredite. Auch die Exportkredite in Höhe von 1.45 Mill. DM können kaum als echte Hilfe ausgegeben werden.

In Zusammenhang mit der Kritik an der Unzulänglichkeit der aufgebrachten Mittel und den hohen Konditionen[38] steht das Problem der Überschuldung.

Bereits 1967 machte der Anteil der Schuldenrückzahlung 43% der laufenden Entwicklungshilfe aus[39], ein Anteil, den man erst für die Jahre nach 1980 erwartet hatte. Der gesamte Gold- und Devisenbestand der Entwicklungsländer macht nur 30% der Verschuldung aus, die bis 1965 auf 38 Mill. Dollars aufgelaufen ist. »Das heißt, die armen nationalen Gesellschaften sind auf die laufende Entwicklungshilfe schon allein aus Gründen der Schuldenbedienung angewiesen«[40].

2. Politisierung und multilaterale Entwicklungshilfe

Damit rückt ein weiteres Moment öffentlicher Entwicklungshilfe in den Mittelpunkt der kritischen Analyse: Die allgemeinen Vertragsklauseln der Verpflichtung zur politischen Zusammenarbeit mit dem Kreditgeber[41].

Die »Studie zur Weltwirtschaft 1963« der UNO spricht davon, daß »die Bewilligung von Staatsgeldern für Entwicklungshilfe alleine von politischen Faktoren bestimmt ist«[42]. Der ehemalige Weltbankpräsident Woods erklärte in einer Rede am 9.2.1968 während der Welthandelskonferenz in New Delhi, daß »eines der Hauptziele der bilateralen Hilfs-

---

38 Mit einem Schenkungsanteil von 35% der gesamten deutschen Leistungen 1967 liegt die BRD an drittletzter Stelle in der OECD Statistik. Seit 1960 hat sich das Verhältnis von Krediten zu Schenkungen allgemein kontinuierlich zuungunsten der letzteren verschlechtert. Nach Angaben der OECD haben sich in der Zeit von 1963 bis 1965 die Laufzeiten um 10% verkürzt, während die Zinssätze um 10% gestiegen sind. Schuhler, a. a. O., S. 139.

39 DIE ZEIT v. 16.2.1968.

40 Schuhler, a. a. O., S. 140.

41 Die deutschen Rahmenabkommen enthalten lediglich folgenden Passus in der Präambel: »Die Regierung der BRD und die Regierung von (…) auf der Grundlage der zwischen beiden Staaten und ihren Völkern bestehenden freundschaftlichen Beziehungen, in dem Wunsche, diese Beziehungen zu vertiefen, (…) sind übereingekommen.«

42 zit. nach Jalée, a. a. O., S. 70.

programme bis heute darin bestanden hat, den Industriestaaten selbst zu helfen; sie waren bestrebt, ihren Export zu finanzieren, ihre Außenpolitik taktisch zu unterstützen und militärische Positionen zu halten, denen man strategische Bedeutung beimaß.« »Diese Politisierung und die Sorge um Aufrechterhaltung bestimmter wirtschaftlicher Privilegien tragen teilweise Schuld an der Zusammenhanglosigkeit und Zersplitterung der Entwicklungshilfe. Denn die gleichzeitige Suche nach Prestige und nach Profit verhindert die Durchsetzung eines vernünftigen Hilfsprogramms für die unterentwickelten Länder«[43].

Hand in Hand geht damit der Vorwurf der Erhaltung des status quo und der Unterstützung von »korrupten oder reaktionären Cliquen, deren Regime vom Volk hinweggefegt würde, wenn es keine ausländische Hilfe gäbe«[44].

Den Entwicklungsländern sind diese Äußerungen nur Spiegel ihrer fortdauernden ökonomischen Abhängigkeit, die trotz formaler politischer Selbständigkeit wiederum in politische Vormundschaft führt.[45]

Hier liegt einer der Gründe, warum sich die Stimmen insbesondere in den Entwicklungsländern mehren, die eine Verstärkung der multilateralen Hilfe fordern[46], um die politisch-ökonomische Abhängigkeit bilateraler Verbindungen zu vermeiden. Allerdings bleiben auch die internationalen Organisationen wie Weltbank, Internationale Entwicklungsorganisation (IDA) und Internationale Finanz-Corporation (IFC) nicht von der Kritik verschont. Sie seien letztlich nur ein verlängerter Arm westlicher Interes-

---

43 Le Monde v. 25./26. Okt. 1964.

44 United Nations, Measures for the economic development of underdeveloped countries, NY 1951, S. 86, zit. nach Büchner / Deppe / Tjaden, a. a. O., S. 46.

45 Fuentes, Rede, S. 59 f.

46 Interessant sind Fulbrights Ausführungen über die amerikanische Auslandshilfe in seinem Buch »Die Arroganz der Macht« (S. 218 ff.) Er hält sie grundsätzlich für unvereinbar mit »individueller und nationaler Würde des Empfängers« (S. 220). Sie hat für diesen »zerrüttende Wirkungen« (S. 226). Sein Konzept der Auslandshilfe ist die »Umwandlung von einem Instrument nationaler Außenpolitik in ein internationales Programm«. »Es ist jetzt an der Zeit, dass wir beginnen, die Auslandshilfe als Teil eines begrenzten internationalen fiskalischen Systems zu betrachten, mit dessen Hilfe die reichen Mitglieder einer Weltgemeinschaft verständig und in ihrem eigenen Interesse eine Verpflichtung gegenüber den armen Mitgliedern der Gemeinschaft zu erfüllen«. (S. 232)

sen, denn allein die USA, England, Frankreich, Bundesrepublik und Taiwan vertreten in jeder dieser Institutionen die Stimmenmehrheit, mit der jeweils entschieden wird.

3. Bildungshilfe

Die Kritik an der technischen Hilfe richtet sich insbes. gegen alle Formen der Bildungs- und Ausbildungshilfe im weitesten Sinn.[47]

Der Vorwurf lautet einmal, dass bestimmte Ziel- und Schlüsselgruppen gegenüber anderen privilegiert und so zu einem beschränkten wirtschaftlichen Aufstieg gebracht werden. Wesentlich ist, dass sie dadurch Aufnahme in die nationalen politischen Herrschaftsgruppen finden und »zu Korrespondenzgruppen der Herrschenden in den Metropolen«[48] (Industrieländer) heranwachsen. Sie bestimmen die zukünftige Entwicklung, u. zw. nach den Maßstäben der Industrieländer.

Zum anderen wird global die Übertragung und Vermittlung unserer spezifischen Begrifflichkeit und Rationalität sowie die dabei angewandten Methoden in Zweifel gezogen und des »Kulturimperialismus« verdächtigt, der weitere Abhängigkeiten schafft.

Schon hier sei angemerkt, dass diese bisher wenig konkretisierte Kritik grundsätzlich verkennt, dass es im Zuge der Industrialisierung notwendig ist, das Leistungsdenken und die spezifische technische Rationalität dessen zu übernehmen, der die Industrie in das Land bringt. Die Entwicklungsländer werden zwar gezwungen, ihnen oft fremde Denkformen anzunehmen, das ist aber heute unabdingbare Voraussetzung wirtschaftlicher Entwicklung.

III. Die Alternative

Diese Kritik ist im Grunde total. Die Relativität des politisch Erreichbaren wird wohl gesehen aber bewusst ausgeklammert. Das lässt diese Analyse generell monokausal erscheinen.

---

47 vgl. bes. Danckwerts, Entwicklungshilfe, S. 75 ff.
48 Danckwerts, a. a. O., S. 80.

Total ist auch die Alternative, die die Linke anzubieten hat. Drei Grundannahmen sind es im wesentlichen, die ihr strategisches Konzept kennzeichnet:

1. **Zwangsläufigkeit der Unterentwicklung**
Entwicklung der Reichen und Unterentwicklung der Armen bedingen sich wechselseitig. Sie sind das Grundmuster, die beiden Pole des kapitalistischen Entwicklungsmodells.

Daher werden sämtliche Entwicklungshilfemaßnahmen, die die westlichen Industriestaaten anbieten, zunächst grundsätzlich in Zweifel gezogen.

2. **Zentrale Planung der Wirtschaft**
Das Problem der sozio-ökonomischen Stagnation ist nicht so sehr ein Problem des Kapitalmangels, der fehlenden Unternehmertalente und der Überbevölkerung. Es ist das Problem der nationalen und internationalen Organisation der gesellschaftlichen Arbeit und politischen Struktur.

Die Entwicklung kann nur durch zentrale Planung der gesamten Wirtschaft und unter Vergesellschaftung der Produktivkräfte erfolgen. Nur dieses System garantiert eine größtmögliche Steigerung der Wachstumsrate sowie eine weitgehende Mobilisierung der Bevölkerung und Integrierung in den Arbeitsprozess.[49] Zudem ermöglichen erst diese Maßnahmen die Umverteilung des Volkseinkommens.

Maßnahmen der Agrarreform, der Industrieorganisation und die Beseitigung des Luxuskonsums stehen im Vordergrund. Bei der Industrialisierung wird kapitalintensiven Investitionen im Produktionsgütersektor der Vorrang gegeben.[50]

Leitbilder dieser ökonomischen und politischen Organisation sind China, Nordvietnam, Nordkorea und Kuba, deren Zuwachsraten in der

---

49 Bettelheim, a. a. O., S. 49; Dobb, Wachstum, S. 140, 152; Robinson, Anmerkungen, S. 103.
50 Lange, Entwicklungstendenzen, S. 71, 156 ff.; Baran, Politische Ökonomie, S. 423 ff. Die deutsche Entwicklungshilfe fördert überwiegend den Konsumgüterbereich. Sie folgt damit den Markt- und Nachfrageverhältnissen. Das entspricht auch den Empfehlungen, die von Sachverständigen der EWG in Zusammenarbeit mit afrikanischen Behörden kürzlich in einer Zielprojektion »Afrika 1975« erarbeitet wurden. Das Ziel ist Importsubstitution.

landwirtschaftlichen und industriellen Güterproduktion durchschnittlich wesentlich höher liegen als die der Länder mit Marktwirtschaftsordnungen.[51]

3. Revolution

Der Weg zu dieser neuen gesellschaftlichen Organisation und zu einem eigenständigen wirtschaftlichen Wachstum führt nur über die fundamentale Umwälzung der sozialen Institutionen, die Revolution.[52]

Revolutionäre Gewalt wird also nicht als Selbstzweck, sondern als einzige Möglichkeit verstanden, überkommene Feudalstrukturen und Abhängigkeiten, d. h. die Überreste kolonialer Gewalt zu brechen.

IV. Entwicklungspolitik vor der Alternative

Dieses Konzept kann in vielen Punkten historische Gültigkeit für China, Nordvietnam, Nordkorea und Kuba beanspruchen, verlässt jedoch den Bezugsrahmen einer möglichen deutschen Entwicklungspolitik.

Da die Kritik letztlich das System negiert, muss sie notwendigerweise auch die dargebotenen Formen der Entwicklungshilfe ablehnen. Hier muss allerdings einschränkend hinzugefügt werden, dass das Spektrum der Meinungen weiter ist, als dargestellt werden konnte.

Aber selbst wo diese radikale Konsequenz nicht gezogen wird, berücksichtigt die Kritik nicht die gesellschaftliche und politische Dualität von Geber- und Empfängerland.

Denn hier stehen Organisations-, Struktur- und Systemreformen zur Debatte, die dem Souveränitätsanspruch eines jeden Staates, sie nach eigener Entscheidung durchzuführen, unterliegen.

Dies sollte nicht ausschließen, auch jene Gesellschaften in die Förderung einzubeziehen, die ein sozialistisches oder ähnliches Modell für ihre Entwicklung wählen; dass dies möglich ist – allerdings im gegebenen

---

51 vgl. Gustafsson, a. a. O., mit statistischen Nachweisen.
52 Fuentes, a. a. O., S. 65 ff.; Fanon, Die Verdammten; Büchner / Deppe / Tjaden, a. a. O., S. 44 f.

außenpolitischen Rahmen –, zeigt die deutsche Entwicklungshilfe an Burma, Kambodscha, Algerien.

Schwierige Probleme der Souveränität und Intervention ergeben sich schon bei der geplanten Aufstellung sog. »Performancekriterien« durch die Geberländer (z. B. Vorschläge für den Abbau von Privilegien bestimmter Gruppen, administrative Verbesserungen, gerechtere Steuersysteme etc.). Selbst die gesellschaftspolitischen Entwicklungshilfemaßnahmen stehen oft an der Grenze der Intervention, hier muss der Staat vorwiegend den privaten Organisationen die Initiative überlassen.

Entwicklungshilfe hat nicht die Aufgabe, Revolutionen in jenen Ländern zu schüren oder ihnen das Ziel ihres gesellschaftlichen Entwicklungsprozesses vorzuschreiben.

Wenn trotzdem der Vorwurf besteht, dass letzteres durch unsere entwicklungspolitischen Maßnahmen geschieht, so kann die Antwort nur lauten: hier handelt es sich im Grunde um eine indirekte strukturbedingte Folge jeglicher Entwicklungshilfe, die von außen kommt, sei es nun aus dem Westen oder dem Osten.

Einigkeit dürfte jedoch darüber bestehen, dass eine soziale Revolution, die sich gegen die herrschende, militärisch gesicherte Machtelite richtet, für viele Entwicklungsländer nahe Zukunft ist und für die sozio-ökonomische Entwicklung eines bislang unterentwickelten Landes fundamentale Voraussetzung sein kann. Entwicklungshilfe als Technische oder Kapitalhilfe hat eine polarisierende Wirkung:

Sie ist einmal auf Dynamisierung der Gesellschaft angelegt und notwendig konfliktschaffend. Zur gleichen Zeit festigt sie zunächst – entgegen ihrem Ziel – die traditionellen Machteliten. »Denn ihnen werden neue Machtmittel in die Hand gegeben, um nach Erreichen einer ersten Entwicklungsplattform weiteren Fortschritt im Interesse politischer Stabilität zu verhindern«.[53]

Gewalttätige Revolutionen sind in dieser Situation wahrscheinlicher als harmonische Entwicklungsprozesse.

Das Problem der Souveränität stellt sich noch in einem anderen entscheidenden Zusammenhang.

---

53 Duve, Entwicklungspolitische Beziehungen, S. 261.

Die Eingliederung der BRD in ein internationales Bündnis- und Gemeinschaftssystem sowie die Übertragung von partiellen Souveränitätsrechten auf internationale Organisationen gewährt der Entwicklungspolitik in vielen Bereichen nur noch einen begrenzten Handlungsspielraum. Wichtige Problem wie das der Verschuldung, der Zoll-, Handels und Agrarpolitik, ja sogar das der statistischen Darstellung – in diesen Fällen muss die Kritik der Linken im wesentlichen anerkannt werden – können nur in Übereinstimmung mit den Ländern der OECD oder EWG gelöst werden.

Der Handlungsspielraum der einzelnen Staaten beschränkt sich auf Initiativen, Kritik und Vorschläge. So wurden erst vor kurzem die Kreditkonditionen auf Vorschlag der Bundesregierung den Forderungen der zweiten Welthandelskonferenz in New Delhi 1968
angeglichen (85 % der öffentlichen Hilfe zu 30 Jahren Laufzeit, 8 rückzahlungsfreien Jahren und 2 1/2 % Zinsen).

Der Weltmarktmechanismus vergrößert die Kluft zwischen den armen und reichen Nationen, die Einbeziehung der Entwicklungsländer in das Weltwirtschaftssystem ist jedoch nicht rückgängig zu machen. Das Problem liegt daher darin, das »bargaining-power« der benachteiligten Nationen durch Präferenzen zu verstärken:
- Beseitigung von Importhindernissen und Restriktionen der Industrieländer,
- Transporterleichterungen,
- Zollpräferenzen für Produkte aus Entwicklungsländern,
- Erleichterung des Zugangs zu den Märkten der Industrieländer durch Änderung der Wirtschaftsstruktur (z. B. Agrarsektor).

Ein Vorstoß der Bundesregierung bei den jüngsten Verhandlungen zur Verlängerung des Assoziierungsabkommens zwischen der EWG und 18 afrikanischen Ländern, die Handelspräferenzen auf sämtliche afrikanische Länder auszudehnen, scheiterte am Einspruch der übrigen EWG-Partner.

Wenn hier zumeist nur Kompromisse möglich sind, die weder den Entwicklungsländern genügen noch die Linke überzeugen, so ist das ein Tribut, den wir nicht nur den übrigen Bündnispartnern, sondern auch der Vielzahl von Interessengruppen unserer Gesellschaft zollen.

Die Frage hach der Motivation der Entwicklungshilfe spielt dabei in der Öffentlichkeit eine große Rolle.

Die ersten entwicklungspolitischen Debatten im Bundestag 1956 betonten die moralische Pflicht zu helfen, da man dem deutschen Volk auch geholfen habe. Ganz anderer Natur sind Motivation und Interessen der Wirtschaft oder Kirchen. Die Linke fordert entsprechend ihrer historischen Analyse der Kolonialzeit, »dem eigenen Volk klarzumachen, dass es jahrzehntelang indirekt von dieser Ausbeutung profitiert hat und dass schon aus diesem Grunde materielle Entschädigungen (und nicht etwa Opfer) für die ausgebeuteten Länder zu leisten sind«[54].

Für die Praxis der Entwicklungspolitik bedeutet das, kurzfristige, divergierende Interessen auf eine gemeinsame Zielvorstellung in einem langfristigen Konzept zu verpflichten. Manche innen- und außenpolitische Position, der kurzfristig hoher Stellenwert eingeräumt wird, ist dabei zu revidieren. Inwieweit die Bundesregierung hier der politischen Bewusstseinslage der Bevölkerung vorauseilen kann, ist eine andere Frage.

Zu einigen konkreten Punkten der Kritik, soweit sie sich im Bezugsrahmen der deutschen Entwicklungspolitik bewegen, noch folgende Bemerkungen:

Der Vorwurf des Neokolonialismus sieht die Entwicklungsländer als Kernstück machtpolitischer imperialistischer Strategie der Industriestaaten, um alte Abhängigkeiten zu erhalten und neue zu etablieren.

Ohne darauf einzugehen, inwieweit das im Weltmaßstab zutrifft (z. B. für die USA, Sowjetunion, England, Frankreich), wird man diesen pauschalen Vorwurf für die BRD ablehnen müssen. Schon ihre Stellung in der Weltpolitik und die gerade in letzter Zeit wiederholt betonte Verstärkung der multilateralen Entwicklungshilfe sprechen dagegen. Die Eingliederung in das westliche Bündnissystem und die noch geltende Hallsteindoktrin sind nur schwache Beweise.

Das Problem hat jedoch eine andere Seite. Beziehungen zwischen Staaten mit unterschiedlichem Wirtschaftsniveau werden weitgehend durch den »Vormachteffekt« der dominierenden Wirtschaft bestimmt. Die größere industrielle Technik, das höhere technologische Niveau und die soziale Ordnung und Organisation stehen in einem engen Wirkungszusammenhang mit dem für jeden Staat geltenden Prinzip, für das eigene Staatswohl

---

54 Kadritzke, SPD, S. 49.

zu handeln. Das führt zu dem, was der französische Nationalökonom François Perroux einen grundsätzlichen »strukturellen Imperialismus« nennt.[55] Dieser ist also nicht Ausfluss eines spezifischen Wirtschaftssystems. Er ergibt sich notwendig daraus, dass eine territorialstaatliche Politik mit einer Wirtschaft zusammenwirkt, die unter dem Zwang des Wachstums territoriale Grenzen nicht kennt.

Das Problem der »terms of trade« ist z. Zt. nur durch Maßnahmen zu lösen, die die Außenhandelsabhängigkeit der Entwicklungsländer verringern. Trotz der nur lückenhaften Wirksamkeit bisheriger Rohstoffabkommen (1949: Getreide, 1957, 1968: Zucker, 1956: Zinn und Olivenöl, 1962: Kaffee) sind weitere geplant (z. B. Kakao); zugleich müssten sog. »bufferstocks« errichtet werden. Größere Hoffnung werden in die Diversifizierung der Produktion wie auch der Handelsströme gelegt, um die Abhängigkeit von einem oder nur wenigen Exportgütern und Märkten zu beseitigen.

Die Kritik an den Privatinvestitionen weist in den schwierigen Bereich des Ausgleichs divergierender Interessen. Die gegenteiligen Ansichten in der Wissenschaft stehen sich ziemlich unvermittelt gegenüber.

Der [oben; im Orig.: auf S. 13 f.] aufgeführte Negativkatalog wird zwar – soweit zur Kenntnis genommen – grundsätzlich nicht bestritten, die Nachteile werden jedoch gegenüber den [genannten] positiven Auswirkungen [im Orig.: (S. 14)] leichter bewertet und für behebbar oder regulierbar gehalten.[56]

Auf jeden Fall muss hier der Staat in Zukunft ein wirksameres Instrumentarium entwickeln, um die staatliche Förderung von Privatinvestitionen den speziellen entwicklungspolitischen Erfordernissen der unterentwickelten Regionen anzupassen.

Die Rückflüsse aus den Entwicklungsländern an Zinsen und Rückzahlungen werden in den kommenden Jahren zunehmen.

Bereits 1970 werden ohne die geplante Umschuldung die Rückzahlungen Indiens an die BRD den deutschen Entwicklungshilfebeitrag übersteigen. Sie fließen in den allgemeinen Haushalt zurück und werden unsere Nettoleistungen tendenziell verringern.

---

55 Perroux, Feindliche Koexistenz, S. 194 f., 405

56 Gatz, a. a. O., S. 14 ff., allerdings ohne nähere Erläuterungen.

Die derzeitige Praxis der deutschen Wirtschaft, ca. 80 % der Gewinne aus ihren Auslandsinvestitionen im Entwicklungsland zu reinvestieren, kann hier Vorbild für die staatliche Entwicklungshilfe sein.

Bonn d. 24.3.69
Paech

* * *

Handschriftliche Anmerkung in grüner Tinte (die Farbe des Ministers):

»Dies ist ein gescheiter Essay. Aber den von mir gewünschten Zweck erfüllt er nicht.

Fazit: Eigentlich ist alles falsch, aber in diesem System geht's nicht anders.

Richtig wäre:
a) Was ist positiv getan worden?
b) Wo liegen strukturelle Hindernisse?
c) Inwieweit lassen sie sich überwinden?
d) Was sind Standard-Argumente der Apo?
e) Was ist auf Anhieb dagegen zu sagen?
f) Wo sind die Vorteile, wo die Nachteile des kommunistischen Modells?
(Woher kommt es z. B., daß der ökonomische Abstand zwischen West- und Osteuropa in 20 Jahren größer geworden ist?«)

Literaturangaben

Bachmann, H.: Zollpolitik und Entwicklungsländer, Tübingen/Zürich 1965
** **Baran, Paul-Alexander:** Politische Ökonomie des wirtschaftlichen Wachstums (1957), Neuwied 1966
* **Baran, Paul-Alexander:** Über die politische Ökonomie unterentwickelter Länder (1952) in Unterdrückung und Fortschritt, Frankfurt 1966, S. 99-128
Baran, Paul-Alexander: Reflexionen über die kubanische Revolution (1961) in Unterdrückung und Fortschritt, Frankfurt 1966, S. 7-70
Behrendt, Richardt F.: Soziale Strategie für Entwicklungsländer, Frankfurt 1965
Bettelheim, Charles: Planification et croissance acceleree, Paris 1965
Bettelheim, Charles: Der Aufbau des Sozialismus in China, München 1969
Billerbeck, Klaus: Die Konsequenzen der Industrialisierung der Entwicklungsländer für die Industrieländer, Köln/Opladen 1964

** **Boris, Hans Dieter:** Zur politischen Ökonomie der Beziehungen zwischen Entwicklungsländern und westlichen Industriegesellschaften, in: Das Argument 38 1966, S. 173-202

** **Büchner, Georg / Deppe, Frank / Tjaden, Karl Hermann:** Zur Theorie der sozioökonomischen Emanzipation von Entwicklungsgesellschaften, in: Das Argument 34 1965, S. 25-48

Castro, Fidel: Rede vom 13. März 1957, München 1957

Césaire, Aimé: Über den Kolonialismus, Berlin 1968

Danckwerts, Dankwart: Entwicklungshilfe als Imperialistische Politik, Dortmund 1968

Debray, Regis: Revolution dans la revolution, Paris 1967

Debray, Regis: Probleme der revolutionären Strategie in Lateinamerika, in: Der lange Marsch, München 1968, S. 25-78

** **Deppe, Frank / Steinhaus, Kurt:** Zur Vorgeschichte des »underdevelopment« und der »nationalen Befreiung«, in: Das Argument 34 1965, S. 1-17

Deppe-Wolfinger, Helga: Zum Verhältnis von Bildung und Gesellschaft in Entwicklungsländern, in: Das Argument 38 1966, S. 202-216

** **Dobb, Maurice:** Wirtschaftliches Wachstum und unterentwickelte Länder, in: Kursbuch 6 1966, S. 136-164

Dutschke, Rudi: Die Widersprüche des Spätkapitalismus, die antiautoritären Studenten u. ihr Verhältnis zur Dritten Welt, in: Bergmann, Dutschke, Lefèvre, Rabehl, Rebellion der Studenten oder die neue Opposition, Hamburg 1968, S. 33-57

* **Dutschke, Rudi / Käsemann, T. / Schöller F.:** Vorwort zu Der lange Marsch, Wege der Revolution in Lateinamerika, München 1968

* **Duve, Freimut:** Die entwicklungspolitischen Beziehungen zwischen den Industriegesellschaften und der Dritten Welt, in: Moderne Welt, 9. Jahrg. 3/68, S. 255 ff.

Eisermann, Gottfried: Die Rolle des Unternehmers in den Entwicklungsländern, in: Wirtschaft und Gesellschaft, Bonn 1964

* **Enzensberger, Hans Magnus:** Europäische Peripherie, in: Kursbuch 2 1965, S. 154-173

Enzensberger, Hans Magnus: Las Casas oder ein Rückblick in die Zukunft, Frankfurt 1966

** **Fanon, Frantz:** Die Verdammten dieser Erde, Frankfurt 1966

* **Fuentes, Carlos:** Rede an die Bürger der USA, in: Kursbuch 2 1965, S. 56-71

Fulbright, J. William: Die Arroganz der Macht, Hamburg 1966

** **Gäng, Peter / Reiche, Reimut:** Modelle der kolonialen Revolution, Frankfurt 1967

Gatz, Werner: Wirtschaftliche Zusammenarbeit mit Entwicklungsländern auf Unternehmungsebene, Bremen 1968

Gerassi, John: Gewalt, Revolutionen und Strukturveränderungen in Lateinamerika, in: Lateinamerika. Ein zweites Vietnam, Hamburg 1968, S. 65-83

** **Guevara, Ernesto Che:** Mensch und Sozialismus auf Kuba in: Lateinamerika. Ein zweites Vietnam, Hamburg 1968, S. 84-98

* **Gustafson, Bo:** Versuch über den Kolonialismus, in: Kursbuch 6 1966, S. 86-135

* **Jalée, Pierre:** Die Ausbeutung der Dritten Welt, Frankfurt 1968

** **Horlemann, Jürgen:** Modelle der kolonialen Konterrevolutionen, Frankfurt 1968

Kantowsky, Detlef: Das Versagen der indischen Landreform, in: Kursbuch 6 1966, S. 73-85

* **Kadritzke, Niels:** Die SPD, Vietnam und die Dritte Welt, in: Beiträge zur Analyse und Veränderung sozialdemokratischer Politik 1968, S. 37-50

Krippendorff, Ekkehart: Das Heil kommt aus Bolivien, in: Die Zeit Nr. 51 v. 22. XII. 1967, S. 3

** **Küntzel, Ulrich:** Der Dollar-Imperialismus, Neuwied/Berlin 1968

Lange, Oskar: Entwicklungstendenzen in der modernen Wirtschaft und Gesellschaft, Wien 1964

Laqueur, Walter: Rundblick auf die Dritte Welt, in: Der Monat, 19. Jhg. Dez. 1967
** Le Chau: Bauernrevolution in Süd-Vietnam, München 1968 (1966)
Lemper, Alfons: UNCTAD 1968, Probleme und Perspektiven, Hamburg 1968
Lenin, W. I.: Staat und Revolution, Berlin 1967
Lenin, W. I.: Der Imperialismus als höchstes Stadium des Kapitalismus (1916), Berlin 1967
* Lidman, Sara u. Gustafson, Bo: Entwicklungshilfe oder Ausbeutung? Eine Debatte aus Schweden, in: Kursbuch 2 1965, S. 139-149
Moore, Barrington: Über Fortschritt, Revolution und Freiheit in Zur Geschichte der politischen Gewalt, Frankfurt 1966, S. 7-29
Müller, K. V.: Zur Soziologie der Entwicklungsländer, in: Sieber, Entwicklungsländer und Entwicklungspolitik, Berlin 1963
Myrdal, Gunnar: Ökonomische Theorie und unterentwickelte Regionen, Stuttgart 1959
Myrdal, Gunnar: Das Problem der Prioritäten in der Entwicklungspolitik, in: EuropaArchiv Folge 19 1964, S. 727-738
Myrdal, Jan: Erzählungen aus einem chinesischen Dorf, in: Kursbuch 6 1966, S. 40-72
Nirumand, Bahman: Persien, Modell eines Entwicklungslandes oder die Diktatur der freien Welt; Hamburg 1967
Nurkse, Ragnar: Problems of Capital Formation in underdeveloped Countries, Oxford 1953
Ojeda, Fabricio: Die demokratische Verfassung, das Versagen der formalen Macht und der Frieden, in: Lateinamerika. Ein zweites Vietnam?, Hamburg 1968, S. 325-338
Papcke, Sven G.: Positive Entfremdung. Brandstiftung oder Neuer Friede?, Hamburg 1969
Perroux, Francois: Feindliche Koexistenz, Stuttgart 1961
Robinson, Joan: Anmerkungen zur Theorie der wirtschaftlichen Entwicklung, in Über Keynes hinaus, Wien 1962
Röpke, W.: Unterentwickelte Länder, in: Ordo V 1953
Schaff, Adam: Marxist Theory of Development, in: Aron, Hoselitz, Social Development, Paris 1965
Schramm, Stuart R.: Die permanente Revolution, in: China, Frankfurt 1966
** Schuhler, Conrad: Politische Ökonomie der armen Welt, München 1968
Stanovnik, Janez: Im Schlagschatten der Sattheit, die Entwicklungsländer in der Weltwirtschaft, Wien 1965
Sweezy, Paul M.: Die Zukunft des Kapitalismus, in: Kursbuch 16 1969, Frankfurt 1969
Steinhaus, Kurt: Vietnam. Zum Problem der kolonialen Revolution und Konterrevolution, Berlin 1966
** Steinhaus, Kurt: Zur Theorie des internationalen Klassenkampfes, Frankfurt 1967
** Tjaden, K. H.: Daten zur Morphologie der Entwicklungsregionen, in: Das Argument 34 1965, S. 18-24
Vajda, Imre: Wirtschaftswachstum und internationale Arbeitsteilung, in: Kyklos Vol. XIX 1966

Autorenkollektiv: Welternährungskrise oder Ist eine Hungerkatastrophe unausweichlich?, Hamburg 1968

* zur Einführung
** zur Vertiefung
Titel ohne * behandeln Spezialprobleme

Autorinnen und Autoren

Gunhild Berdal, Mitglied der Liste LINKS, langjährig Teil des Präsidiums des Studierendenparlaments der Universität Hamburg, aktiv im Kasseler Friedensratschlag und in der Initiative für den Stopp der Rüstungsexporte über den Hamburger Hafen, Mitglied der AG Frieden und Internationale Politik der LINKEN Hamburg sowie der Kommunistischen Plattform der LINKEN.

Susanna Böhme-Kuby, geb. in Hamburg, lebt in Italien, wo sie Deutsche Literatur an mehreren Universitäten (Genua, Udine, Venedig) lehrte; schreibt in diversen Zeitschriften in Deutschland (Ossietzky, Blätter für deutsche und internationale Politik u.a.), Österreich (International) und Italien über Politik und Kultur. Mitarbeit im Vorstand des Partisanenverbandes ANPI (Sektion Venedig). Ausgewählte Publikationen: *Das Neueste aus Paris 1789-1795. Deutsche Presseberichte* (1989); *Non più, non ancora. Kurt Tucholsky e la Repubblica di Weimar* (2002); *L'avvenire del passato / Die Zukunft der Vergangenheit. Italia e Germania: le note dolenti* (2007); *Aus Italien. Texte zur Politik und Kultur aus 30 Jahren* (2020).

Sevim Dağdelen, Studium der Rechtswissenschaften an der Philipps-Universität Marburg, seit 2005 Mitglied des Deutschen Bundestages; 2017 bis 2020 stellvertretende Vorsitzende der Fraktion DIE LINKE, Obfrau im Auswärtigen Ausschuss. Seit 2. Februar 2024 Mitglied der Gruppe BSW. Mitglied bei der Informationsstelle Militarisierung und im Kuratorium »Freiheit für die Westsahara e.V.«. Ausgewählte Publikationen: *Der Fall Erdoğan: Wie uns Merkel an einen Autokraten verkauft* (2016); *Die NATO. Eine Abrechnung mit dem Wertebündnis* (2024). Zahlreiche Gastbeiträge u.a. in Berliner Zeitung, junge Welt.

Daniela Dahn, Studium der Journalistik in Leipzig, freie Autorin, Schriftstellerin und Publizistin, Mitherausgeberin der Zeitschrift Ossietzky, Mitglied der Schriftstellervereinigung PEN, Mitglied im Beirat der Humanistischen Union, des Beirats der Christa-Wolf-Gesellschaft und des Wissenschaftlichen Beirats von IALANA. Ausgewählte Publikationen: *Der Schnee von gestern ist die Sintflut von heute. Die Einheit – eine Abrechnung*, (2019); *Im Krieg verlieren auch die Sieger. Nur der Frieden kann gewonnen werden* (2022); mit Rainer Mausfeld: *Tamtam und Tabu. Meinungsmanipulation von der Wendezeit bis zur Zeitenwende* (2022).

Juana Martínez González, seit April 2022 Botschafterin der Republik Kuba in Deutschland, Studium der Internationalen Beziehungen in Havanna, 1995-1998 Sekretärin der kubanischen Botschaft in Bulgarien, 2001-2005 Gesandte in Bonn und Berlin, 2011-2016 Botschafterin ihres Landes in Peru.

Annette Groth, Entwicklungssoziologin, 2009-2017 Mitglied des Deutschen Bundestages in der Fraktion DIE LINKE, Mitgliedschaften: Bündnis für Gerechtigkeit zwischen Israel und Palästina (BIP, www.BIP-jetzt.de), Komitee für Grundrechte und Demokratie e.V., Vorstand Naturfreunde Stuttgart. Stationen: 1997-1999 Direktorin der Ecumenical Coalition on Third World Tourism und Herausgeberin der Vierteljahreszeitschrift CONTOURS, Barbados, Karibik; 1992-1997 Education Officer beim United Nations High Commissioner for Refugees (UNHCR), Genf; 1984-1987 Ökumene-Referentin in der Geschäftsstelle der Evangelischen Studentengemeinde Stuttgart. Ausgewählte Publikationen: zusammen mit Norman Paech und Richard Falk (Hg.): *Palästina – Vertreibung, Krieg und Besatzung. Wie der Konflikt die Demokratie untergräbt* (2017); zusammen mit Theo Kneifel: *Europa plündert Afrika* (2007).

Luc Jochimsen, Studium der Soziologie, Politikwissenschaft und Philosophie an der Universität Hamburg, 1961-1975 freie Autorin, 1975-1985 Redakteurin von Panorama, 1985-1988 ARD-Korrespondentin in London, 1988-1991 Verantwortliche für die Abteilung Feature/Auslandsdokumentation des NDR, 1991 bis 1993 Leiterin des ARD-Fernsehstudios in London, 1994-2001 Chefredakteurin Fernsehen des Hessischen Rundfunks. 2005-2013 Mitglied des Deutschen Bundestages für die DIE LINKE. Ausgewählte Publikationen: *Hinterhöfe der Nation – Die deutsche Grundschulmisere* (1971); *Sozialismus als Männersache oder: Kennen Sie ›Bebels Frau‹?* (1981); *Warenhaus Journalismus – Erfahrungen mit der Kommerzialisierung des Fernsehens* (2004); *Dieses Jahr in Jerusalem. Theodor Herzl – Traum und Wirklichkeit* (2004); *Die Verteidigung der Träume* (2014); *Kultur neu denken. Szenische Lesungen 2009-2018* (2019); *Der aufhaltsame Abstieg des öffentlich-rechtlichen Fernsehens – Berichte von Beteiligten* (2023).

Karsten Nowrot, Prof. Dr. iur., LL.M. (Indiana), geb. 1971. Lehrt seit 2012 Öffentliches Recht, Völkerrecht, Europarecht und Internationales Wirtschaftsrecht am Fachbereich Sozialökonomie der Fakultät für Wirtschafts- und Sozialwissenschaften der Universität Hamburg. Ausgewählte Publikationen: mit Norman Paech (Hg.): *Krieg und Frieden im Völkerrecht* (2019); *Das gesellschaftliche Transformationspotential der Sustainable Development Goals – Völkerrechtliche Rahmenbedingungen und außerrechtliche Nachhaltigkeitsvoraussetzungen*, in: Rechtswissenschaftliche Beiträge der Hamburger Sozialökonomie, Heft 35, 2020.

Norman Paech, 1968 bis 1972 tätig im Bundesministerium für Wirtschaftliche Entwicklung in Bonn. Professor für Politische Wissenschaft, Öffentliches Recht und Völkerrecht an der Universität Hamburg und der Hochschule für Wirtschaft und Politik in Hamburg. 1977 bis 1986 Vorsitzender der Vereinigung demokratischer Juristen in der BRD, 2001 Austritt aus der SPD. 2005-2009 Außenpolitischer Sprecher der Fraktion DIE LINKE im Deutschen Bundestag. Ausgewählte Publikationen: zusammen mit Gerhard Stuby: *Völkerrecht und Machtpolitik in den internationalen Beziehungen* (2013); *Menschenrechte. Geschichte und Gegenwart – Anspruch und Realität* (2019).

Nirit Sommerfeld, Schauspielausbildung am Mozarteum in Salzburg, seither freiberufliche Schauspielerin, Sängerin, Autorin. Gründerin und Leadsängerin der Band ORCHESTER SHLOMO GEISTREICH (ehemals Klezmorim). Lebte von 2007 bis 2009 in Israel, Mitbegründerin des Vereins BIP – Bündnis für Gerechtigkeit zwischen Israelis und Palästinensern. Ausgewählte Veröffentlichungen: *Klezmorim: Klezmeshugge* (CD, 2002); *Jiddische Weihnacht* (CDs, seit 2009), mit Klezmorim bzw. ORCHESTER SHLOMO GEISTREICH und Martin Umbach; *Und ja, ich bin emotional!* (Booklet, 2014); *Beduinenmilch* (Roman, voraussichtlich 2025).

VERLAGSANZEIGE

Norman Paech

Menschenrechte
Geschichte und Gegenwart – Anspruch und Realität

Paperback
221 Seiten; € 16,90 [D]
ISBN 978-3-89438-710-5

Norman Paech diskutiert den Anspruch universeller Geltung der Menschenrechte. Diese dienen in jüngerer Zeit als Legitimation militärischer Interventionen und verdecken damit ökonomische und geostrategische Interessen. Diese Instrumentalisierung bedeutet jedoch ihre Perversion und den Verrat an ihren historischen Quellen.

Norman Paech /
Karsten Nowrot (Hg.)

Krieg und Frieden im Völkerrecht

Paperback
181 Seiten; € 18,00 [D]
ISBN 978-3-89438-691-7

Die NATO-Staaten haben Kriege begonnen und Staaten zerstört, die seitdem einen ständigen Herd neuer Konflikte bilden. Ob in Afghanistan, Irak, Libyen, Syrien: das Völkerrecht wird seiner friedensstiftenden Rolle offenbar nicht mehr gerecht. Die Autoren zeigen auch auf, wie das zu ändern ist.